성경전과

이 책을

_____

_____

드립니다

성경전과

성경전과

신 약

셀리나 헤이스팅즈 글

에릭 토마스 그림

최원준 옮김

홍성사

성경전과-신약

The Children's Illustrated Bible(The New Testament)

글 셀리나 헤이스팅즈 　**그림** 에릭 토마스

우리말 번역 최원준

발행인 정애주

편집인 정애주

발행처 주식회사 홍성사

121-897 서울시 마포구 합정동 369-43

TEL 02)335-5161　FAX 02)333-5165

http://www.hsbooks.com

E-mail:hsbooks@hsbooks.com

1999. 2. 18. 초판 발행
2012. 9. 12. 7쇄 발행

A DORLING KINDERSLEY BOOK

ISBN 978-89-365-0460-1(신약)

ISBN 978-89-365-0459-5(구약)

정가 23,000원　*잘못된 책은 바꿔 드립니다.

본문에 인용된 성경구절은 〈한글 개역성경〉입니다.

차 례

성경전과-구약

성경전과-신약

신 약

하늘로서 소리가 나기를
"너는 내 사랑하는 아들이라. 내가 너를 기뻐하노라"
하시니라.

마가복음 1:11

성경을 소개합니다

중세의 성경
스톡홀름의 왕립 도서관에 있는 8세기 때 성경.

성경은 기원전 1450년경부터 1,000년이 넘는 세월 동안 여러 사람들이 쓴 책들을 하나로 모아 놓은 것이다. 성경은 크게 구약(옛 언약)과 신약(새 언약)으로 나누어진다. 구약은 유대인들의 경전(또는 성서)으로서, 수세기에 걸친 옛 이스라엘 사람들의 이야기를 담고 있다. 반면에 예수님과 열두 제자 이야기가 쓰여 있는 신약은 60-70년 정도의 기간에 있었던 일들을 다루고 있다. 이 구약과 신약이 합해져서 우리 그리스도인들의 '성경'이 되는 것이다.

성경 안에는 66권의 책이 들어 있다. 어떤 사람들은 성경이 마치 도서관 같다고 말하곤 하는데, 그것은 성경 안에 여러 가지 종류의 글이 포함되어 있기 때문이다. 성경을 한번 펴 보자. 법, 역사, 시, 격언, 일기, 편지 등 다양한 글이 있다.

구약(옛 언약)

39권의 책으로 이루어진 구약은 유대인의 역사가 이어져 내려오는 내내 그들의 지침이 되어 왔다. 예수님도 구약을 읽으셨다. 유대인이 구약에서 가장 중요하게 여기는 부분은 토라(구약 처음에 나오는 다섯 권의 책. 곧 창세기, 출애굽기, 레위기, 민수기, 신명기)인데, 토라는 '가르침'이라는 뜻이다. 초대 그리스도인들은 이 책을 '펜타투크'(그리스 말로서 '다섯 권의 책'이라는 뜻)라고 불렀다.

유대인들은 안식일마다 회당에 모여서 두루마리에 적힌 토라의 일부를 듣는데, 처음부터 끝까지 다 읽는 데에는 1년이 걸린다. 토라를 끝까지 다 읽고 다시 창세기 1장을 읽어야 하는 날이 오면 '심차트 토라'('율법을 기뻐한다'는 뜻)라는 축제를 벌인다. 이 축제 때 사람들은 토라 두루마리를 높이 든 채 행렬을 지어 춤추며 회당을 돌면서 하나님께 감사를 드린다.

우리도 예배 시간에 구약을 자주 읽는다. 하나님과 자기 자신과 이웃에 대해 배울 수 있는 중요한 책이기 때문이다.

모세 오경

유대인들은 토라를 특별한 책으로 생각한다. 하나님이 모세를 통해 그들의 조상인 히브리 백성에게 전하신 말씀이 들어 있기 때문이다. 그래서 토라를 '모세 오경'이라고 부르기도 한다. 여기 나오는 이야기와 노래와 기도문과 법률은 하나님이 누구시며 자기 백성에게 무엇을 약속하셨는지, 또 무엇을 기대하시는지

시내 산에서 하나님의 율법을 받는 모세

를 가르쳐 준다.

그러나 우리 그리스도인에게는 구약의 모든 책이 다 중요하다. 구약은 법, 역사, 시와 지혜로운 말씀, 예언서의 네 부분으로 나뉘어 있다. 구약 중에서도 초기에 쓰여진 책들은 입에서 입으로 다음 세대에 전해지다가, 나중에 동물 가죽으로 만든 양피지에 히브리어로 기록되었다. 오늘날 전해지는 성경은 서기관들이 단어 하나 하나를 정성껏 베껴 쓴 것이다.

토라를 공부하고 있는 랍비('선생'이라는 뜻)

유대 소년은 열세 살이 되면
바르–미츠바가 된다.

유대의 젊은이들은 어려서부터 토라를 공부한다. 유대 소년은 열세 살이 되면 '바르–미츠바'가 되는데 이것은 '율법의 아들'이라는 뜻이다. 이 소년은 이제 성인이 되었기 때문에, 생일이 지난 안식일에는 회당에서 토라를 읽을 수 있다. 유대 소녀는 열두 살에 '바트–미츠바' (율법의 딸)가 된다. 어떤 회당에서는 이것을 기념하려고 특별한 의식을 갖기도 한다.

사해 사본

1947년에 한 목동이 사해 근처의 동굴에서 옛 두루마리를 발견했다. 거기에는 에스더서를 제외한 나머지 구약 성경이 전부 들어 있었다. 이 사본은 아마 예수님 시대에 쓰여졌을 것이다. 사람들은 이 사본이 쿰란 공동체에서 나온 것으로서, 에세네파라고 불리는 유대인들의 무리가 동굴에 숨겨 두었을 것이라고 생각하고 있다. 이것을 보면 서기관들이 하나님의 말씀을 얼마나 정확하게 베껴 적어서 다음 세대에 전해 주었는지 알 수 있다.

시편 119편 105절은 왜 구약이 유대인들과 우리 그리스도인들에게 그토록 중요한 책인지 설명해 주고 있다. "주의 말씀은 내 발에 등이요, 내 길에 빛이니이다."

사해 사본의 발견
쿰란의 동굴(아래 사진)에서 발견된 사해 사본은 질그릇 항아리에 보관되어 있었다.
이 중에 어떤 사본은 기원전 2세기의 것이다.

신약성경은 27권으로 되어 있다. 앞의 네 권, 즉 마태복음, 마가복음, 누가복음, 요한복음은 예수님의 삶과 죽음과 부활을 기록하고 있으며, 사도행전은 기독교 교회의 성장과 사도 바울의 선교 여행에 대해 말해 주고 있다. 서신서들은 당시 기독교 지도자들이 새롭게 퍼져나가던 교회의 교인들에게 보낸 편지들이다. 요한계시록은 일곱 교회에 보내는 편지와 장차 이 세상을 다스리실 예수님에 대한 기록들을 담고 있다.

복음서들

'복음'은 '좋은 소식'이라는 뜻이다. 복음서의 내용은 처음에는 사람들의 입을 통해 전해졌다. 많은 사람들은 마가복음이 가장 먼저 쓰여졌고, 마태와 누가는 이를 참고하여 각각 복음서를 기록했다고 믿고 있다. 요한복음은 다른 복음서와 상당히 다르다. 여기에는 예수님의 생전에 일어난 많은 사건이나 비유가 없으며, 오직 예수님이 누구시며 무엇을 가르치셨나를 설명하는 데 집중하고 있다.

복음서들이 예수님의 삶에 관한 모든 것을 말해 주는 것은 아니다. 이들은 예수님이 돌아가시기 전 3년 동안 일어난 사건들을 발췌하여 집중적으로 기록하고 있다. 예수님을 가까이 따르던 이들은 왜 자신들이 예수님을 하나님의 아들이신 메시아로 믿는지를 알리기 위해 복음서를 썼다. 당대에 살고 있던 사람들에게 예수님의 가르침을 이해시킬 뿐 아니라 후대에 그 기록을 남기는 것이 그들의 목적이었다.

> 복음서 저자들은 때때로 살아 있는 생물로 상징되기도 했다. 마태는 천사로, 마가는 사자로, 누가는 황소로, 요한은 독수리로 상징되었다. 이 사진들은 7세기의 린디스파른 복음서(Lindisfarne Gospels)에 실려 있다.

초기의 성경들

파피루스 식물

신약성경은 처음에 파피루스 두루마리에 기록되었다. 이것은 종이의 초기 형태로서 갈대로 만든 것이었다. 당시의 그리스도인들은 성경을 파피루스 종이에 옮겨 적은 다음, 묶어서 두 개의 나무판이나 서판 사이에 끼웠다. 이러한 초기의 서적 형태를 '사본'이라 부른다.

현존하는 신약성경 가운데 가장 오래 된 것은 요한복음으로서 주후 125년경에 기록되었다. 신약 전체가

마태

마가

누가

요한

시내산 사본

시내 산에 있는 성 캐더린 수도원

데이빗 로버츠(David Roberts)가 그린 성 캐더린 수도원 그림.
시내 산 사본은 성 캐더린 수도원에서 발견되었다.

보전되어 있는 사본은 1844년에 시내 산 발치에 있는 성 캐더린 수도원에서 발견되었다. 그리스어로 되어 있는 시내 산 사본은 주후 4세기에 기록된 것이다. 신약성경 필사본의 단편들은 주후 2세기까지 그 기록 연대를 추적할 수 있다.

기독교가 전파되면서 신약성경은 라틴어를 비롯하여 여러 언어로 번역되었다. 영어 번역 성경은 1382년에 존 위클리프가 처음 번역하여 출간하였는데, 당시만 하더라도 손으로 성경을 베껴쓰는 것이 보통이었다.

최초로 인쇄된 성경은 1456년 라틴어로 된 구텐베르크 성경이다. 그 이후에 곧 다른 언어의 번역 성경이 나왔지만, 영어로 완역된 최초의 성경은 1535년에 마일스 커버데일에 의해 비로소 출간되었다. 흠정역 혹은 킹 제임스 버전(King James' Version)은 1611년에 출간되었다. 이것은 여러 학자들에 의해 만들어진 것으로서 영국 왕 제임스 1세가 이룬 위대한 업적 가운데 하나이다.

성경은 지금까지 1,900개 이상의 언어로 번역되었다. 다시 말해서 거의 모든 사람들이 성경의 내용을 듣고 이해할 수 있게 되었다는 의미이다. 이것은 성경이 세상을 향한 하나님의 사랑을 알 수 있는 가장 중요한 방법이라고 믿는 그리스도인들에게 매우 중대한 일이다.

신약 성경은 예수님의 가르침에 대해서, 또 모든 세대의 사람들이 어떻게 그분께 나아갈 수 있었나에 대해 말해 주고 있다.

새 언약

예수님이 성장하신 갈릴리는 구릉 지대로서 그 한가운데 거대한 담수호인 갈릴리 바다가 자리잡고 있다. 예수님 당시에는 갈릴리 바닷가를 따라서 가버나움, 벳새다, 티베리아스(디베랴)와 같은 많은 도시들이 번창하고 있었다. 또한 몇 개의 주요 상업도로가 이 지역을 통과하고 있었는데, 이 도로 덕분에 갈릴리 사람들은 여러 나라와 교류할 수 있었다. 심지어 언덕 위의 마을에 사는 사람들도 갈릴리 바닷가의 도시에서 외국 여행객들을 만날 수 있을 정도였다.

유월절과 같은 큰 절기가 되면 예수님의 가족은 갈릴리에 사는 다른 유대인들과 함께 유대의 예루살렘으로 여행을 떠났다. 그들은 사마리아를 피해서 기름진 요단 계곡을 따라 남쪽으로 내려가서 사해 북쪽의 처지 대에 도착하는 긴 여행 동안 걷거나 당나귀를 타고 갔을 것이다. 예루살렘에 가려면 여기저기 가파른 길을 따라 올라가야 한다. 예루살렘은 큰 산지에 다다를 때까지 좀처럼 눈에 띄지 않는 곳으로서, 마침내 제 꼭을 하나 건너 후 숨을 고르며 바라볼 때에야 비로소 사람들 앞에 웅장한 새 성전이 눈앞에 펼쳐진다. 예루살렘 의 외곽에는 로마군 수비대 기지인 안토니아 요새가 서 있었다.

예수님이 성인이 되었을 당시, 예루살렘이 있던 유대는 로마 총독 본디오 빌라도가 다스리고 있었다. 빌라도는 대개 가이사랴의 바닷가에 있는 왕궁에 있다가 필요할 때만 예루살렘으로 갔다. 예루살렘은 유대인의 종교적 중심지로서 로마 제국의 여러 지역에서 몰려든 상인들로 언제나 붐볐다. 특히 유대 절기 때면 더욱 심했다. 초기 기독교인들은 예루살렘을 따라 지중해 사방으로 뻗어 있는 상업도로를 따라 지중해 주변에 사는 사람들에게 예수를 전하러 다녔다.

다마스쿠스 (다메섹)

사울이 다마스쿠스를 탈출하다

예수님이 변화하시다

헬몬 산

가이사랴 빌립보 (빌립보)

오천 명을 먹이다

벳새다

가다라의 돼지떼

가다라(거라사)

갈릴리 바다

시돈

두로(두로)

요단 강

갈릴리

가버나움

티베리아스 (디베랴)

산상수훈

팔복 산

결혼 잔치

나사렛

다볼 산

가나

갈멜 산

가이사랴

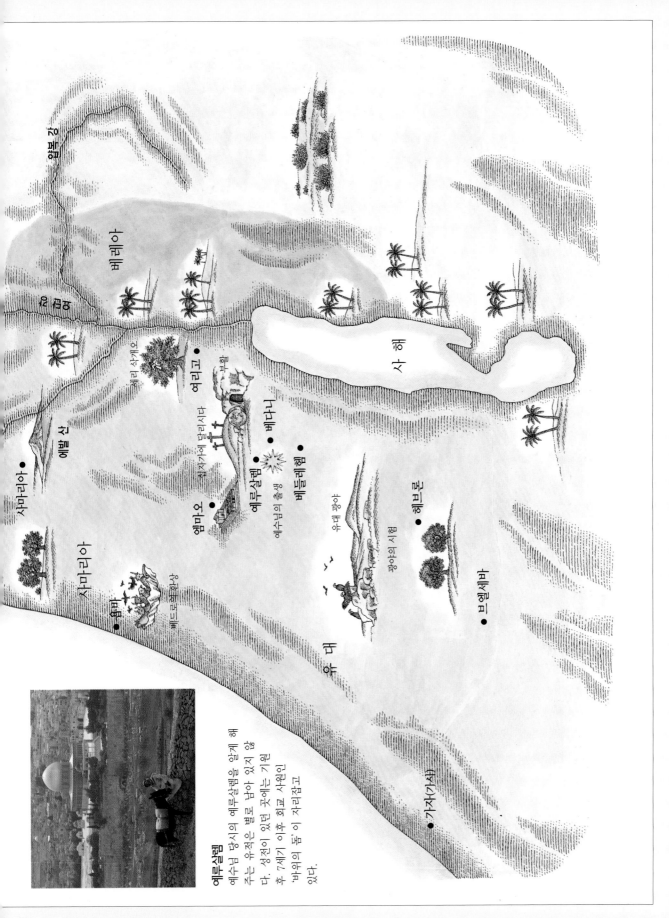

압복 강

베레아

여보 강

헤리 산개오

에발 산

사마리아

사마리아

세겜

그리심 산

베드로의 발산

에마오

여리고

쉿죽 십자가에 달리시다

예루살렘

베다니

예수님의 출생

베들레헴

여리고 광야

헤브론

유 대

유다 광야

엔게디 샘

브엘세바

사 해

가자(가사)

예루살렘
예수님 당시의 예루살렘을 알게 해
주는 유적은 별로 남아 있지 않
다. 성전이 있던 곳에는 기원
후 7세기 이후 회교 사원인
'바위의 돔'이 자리잡고
있다.

예수님이 태어났을 때 팔레스타인은 로마 제국의 일부로서 로마 황제 아우구스투스 카이사르(가이사)의 지배를 받고 있었다. 아우구스투스는 헤롯 대왕을 시켜 팔레스타인을 통치하게 했는데, 기원전 4년에 헤롯 대왕이 죽은 후 그의 세 아들 아르켈라우스(아켈라오), 안티파스(안디바), 필립(빌립)이 팔레스타인을 나누어 통치했다. 그 중 헤롯 안티파스는 예수님이 성장하신 갈릴리의 왕으로 세례 요한을 처형했던 인물이었다. 아르켈라우스는 유대와 사마리아 지역을 다스렸고, 필립은 북동쪽의 이두래를 다스렸다.

예수님 당시의 통치자들

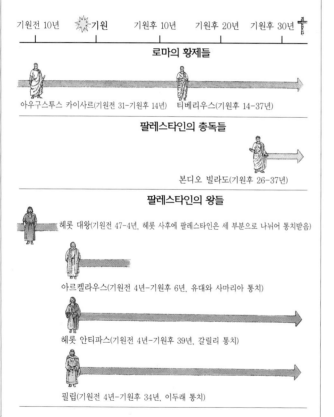

기원전 10년 기원 기원후 10년 기원후 20년 기원후 30년

로마의 황제들

아우구스투스 카이사르(기원전 31-기원후 14년) 티베리우스(기원후 14-37년)

팔레스타인의 총독들

본디오 빌라도(기원후 26-37년)

팔레스타인의 왕들

헤롯 대왕(기원전 47-4년, 헤롯 사후에 팔레스타인은 세 부분으로 나뉘어 통치받음)

아르켈라우스(기원전 4년-기원후 6년, 유대와 사마리아 통치)

헤롯 안티파스(기원전 4년-기원후 39년, 갈릴리 통치)

필립(기원전 4년-기원후 34년, 이두래 통치)

예수님 당시 팔레스타인의 통치자들과 그들이 통치한 시기를 나타낸 도표. 총독은 제국의 한 속국을 다스리는 로마의 관리를 말한다. 왕은 로마 당국이 임명하며, 좀더 작은 지역을 통치하였다.

유대 백성들은 헤롯 대왕과 그 아들들을 싫어했는데, 그보다 로마인들을 더 싫어했다. 로마 군인들이 팔레스타인을 점령하고 다스렸기 때문이다. 그래서 열혈당원과 같은 일부 단체들은 로마인들에 대항하여 싸웠지만, 성공을 거두지는 못했다.

예수님 당시의 예배

대부분의 마을에는 회당이 있었다. 유대 사람들이 회당에 모이는 데에는 많은 이유가 있었지만, 그 중 가장 큰 이유는 하나님께 예배드리고, 구약의 첫 다섯 권을 일컫는 토라를 배우기 위해서였다. 어린이들은 유대인의 종교적 가르침을 이해하기 위해 회당에 가서 히브리어를 읽고 쓰는 것을 배웠다. 회당은 가난한 사람들에게

회당 내부
신약시대까지 회당은 로마 전역의 많은 주요 도시에 있었다. 회당은 선출된 위원회에 의해 운영되었는데, 제사장이 없었으며, 제사도 드리지 않았다. 손님을 회당으로 초대하여 성경을 읽게 하는 일은 일반적인 관습이었다.

기금을 나누어 주는 등, 공동체의 종교적 필요뿐 아니라 사회적 필요도 채워 주었다.

성구함을 머리와 왼쪽 팔에 묶고 다녔다.

기도할 때 남자들은 숄을 걸쳤다. 이 숄의 끝은 파란색이고, 하나님의 계명이 생각나도록 술로 장식했다. 안식일이 아닌 날에는 머리와 왼쪽 팔에 성구함(79쪽 참조)을 둘렀다. 성구함이란 가죽 끈이 붙어 있는 조그마한 상자를 말하는데, 그 속에는 성경구절을 적은 작은 두루마리가 들어 있다. 오늘날에도 많은 유대인들은 성구함을 몸에 지니고 다닌다. 하나는 머리에 붙이고, 또 다른 하나는 심장에서 가까운 왼쪽 팔 윗부분에 묶는다. 이것은 하나님의 말씀이 그 사람의 생각과 감정을 통제한다는 표시이다.

종교의 중심지 예루살렘

유대인 가족들은 절기 때마다 예루살렘으로 여행했다. 예루살렘에는 헤롯 성전이 있었기 때문에 유대인에게 가장 중요한 예배 장소가 되었던 것이다. 성전에서는 제사장들이 동물과 식물로 제사를 드렸고, 제단에는 향

을 피웠는데, 특히 감사할 때나 슬플 때 제사를 드렸다.

어떤 의식은 종교 지도자인 대제사장만이 거행할 수 있었다. 예수님 당시에 로마 당국은 대제사장의 권력 가운데 일부를 빼앗았고, 또 그가 입는 예복을 일년 중 상당 기간 동안 내주지 않았다. 이러한 압력에도 불구하고 종교적 지도자들의 공의회인 산헤드린과 대제사장은 유대 백성에게 막강한 영향력을 행사했다.

많은 유대 사람들은 로마 당국이나 로마 당국이 뽑은 왕에 의해 임명된 대제사장을 좋아하지 않았다. 대제사장은 자기의 지위를 지키기 위하여 로마 당국이 요구하는 일을 해야 했기 때문이다. 예수님의 재판을 감독한 대제사장은 가야바였다. 가야바의 장인이며 전직 대제사장이었던 안나스 역시 예수님의 재판에 관여했다.

올리브 산(감람산)에서 바라본 예루살렘
예수님이 기도하셨던 겟세마네 동산이 있는 올리브 산은 예루살렘 성벽 바깥에 있다. 지금은 '바위의 돔'이 서 있는 예루살렘 성전의 동쪽 벽 맞은편에 위치해 있다.

예루살렘 전경

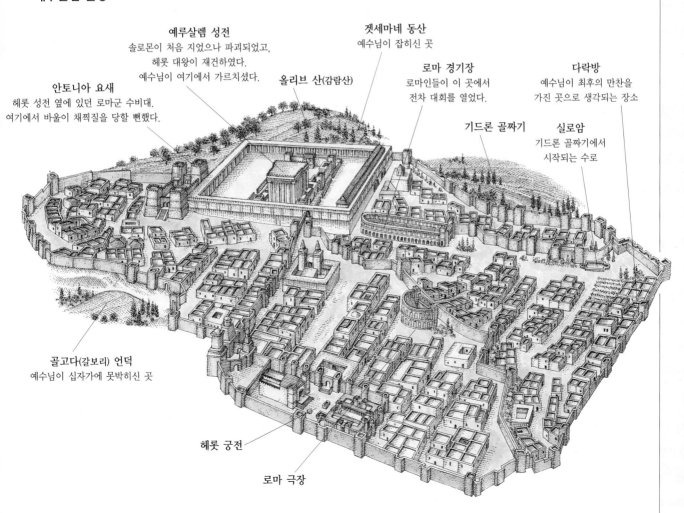

예루살렘 성전
솔로몬이 처음 지었으나 파괴되었고, 헤롯 대왕이 재건하였다. 예수님이 여기에서 가르치셨다.

겟세마네 동산
예수님이 잡히신 곳

로마 경기장
로마인들이 이 곳에서 전차 대회를 열었다.

다락방
예수님이 최후의 만찬을 가진 곳으로 생각되는 장소

안토니아 요새
헤롯 성전 옆에 있던 로마군 수비대. 여기에서 바울이 채찍질을 당할 뻔했다.

올리브 산(감람산)

기드론 골짜기

실로암
기드론 골짜기에서 시작되는 수로

골고다(갈보리) 언덕
예수님이 십자가에 못박히신 곳

헤롯 궁전

로마 극장

사가랴에게 주신 약속

분향단

제사장이었던 사가랴는 네 개의 뿔이 있는 단에서 향을 피웠을 것이다. 이 분향단은 도피처로도 사용되었는데, 어떤 죄인이 이 뿔들 가운데 하나를 잡으면 보호를 받을 수 있었다. 그것은 이 단이 거룩하기 때문이었다. 분향단의 일을 맡게 된 것은 사가랴에게 큰 영광이었다. 그가 성전의 성소에 들어갈 수 있는 유일한 기회였기 때문이다.

한 천사가 사가랴에게 나타나서 아들을 가지게 될 것이라고 말하다

천사가 일러 가로되 "사가랴여, 무서워 말라. 너의 간구함이 들린지라. 네 아내 엘리사벳이 네게 아들을 낳아 주리니, 그 이름을 요한이라 하라. 너도 기뻐하고 즐거워할 것이요, 많은 사람도 그의 남을 기뻐하리니" (눅 1:13-14)

사가랴가 천사의 말을 믿지 않아 벙어리가 되다

헤롯 왕 시대에 유대에는 사가랴라는 제사장이 살고 있었다. 그와 그의 아내 엘리사벳은 언제나 하나님의 말씀에 순종하는 의로운 사람들이었다. 그러나 슬프게도 그들에게는 아이가 없었다.

사가랴와 엘리사벳은 이미 늙어서 아기를 갖겠다는 생각은 버리고 살았다.

부삽
사가랴는 뜨거운 숯을 제단으로 가져갈 때 사진과 같은 부삽을 사용했을 것이다. 향기로운 연기가 나도록 숯 위에 향을 뿌렸는데, 피어 오르는 연기는 하나님께 올라가는 백성들의 기도를 상징한다.

사가랴가 성전에서 봉사하고 있을 때였다. 그는 제비 뽑기를 통해 성소에서 분향하는 일을 맡게 되었는데, 분향하는 동안 사람들은 바깥 뜰에서 기도를 하고 있었다.

사가랴는 제단에서 피어 오르는 향기로운 연기를 바라보고 있다가, 한 천사가 자기 앞에 서 있는 것을 보고 깜짝 놀라 뒷걸음질을 쳤다. 천사가 부드럽게 말했다.

"나는 가브리엘 천사다. 주님께서 네 기도를 들으시고, 네게 기쁜 소식을 전하라고 나를 보내셨다. 네 아내 엘리사벳이 아들을 낳을 텐데, 그 아이의 이름을 '요한'이라고 하여라. 그는 너희 부부에게 큰 기쁨이 되고, 세상에 많은 행복과 평화를 가져다 줄 것이다. 또 주님께서 보시기에도 큰 인물이 될 것이고, 그를 통해서 많은 사람들이 하나님께 돌아올 것이다."

"하지만 어떻게 그런 일이 일어날 수 있습니까?" 사가랴는 못 믿겠다며 고개를 저었다. "보시다시피 저는 늙었고, 제 아내 엘리사벳도 아이를 가질 만한 나이가 지났습니다."

가브리엘이 엄하게 말했다. "나는 주님의 천사다. 너에게 이 기쁜 소식을 전해 주기 위해 하나님께서 나를 보내셨다. 내가 한 말은 때가 되면 이루어질 것이다. 그러나 네가 내 말을 믿지 않았으니 이 말이 사실로 드러날 때까지 너는 벙어리가 될 것이다."

그 동안 바깥에 있던 사람들은 불안해졌다. 사가랴 제사장이 나올 시간이 벌써 지났기 때문이었다. 마침내 사가랴가 밖으로 나왔다. 그러나 그는 한 마디의 말도 할 수 없었다. 사람들은 사가랴의 몸짓을 보고, 그가 환상을 보았다는 것을 알았다.

사가랴는 자기의 할 일을 마치고 아내가 있는 고향으로 돌아갔다. 천사의 예언대로 엘리사벳은 곧 아기를 갖게 되었다. 그녀는 하나님께서 자기에게 아기를 주신 것을 기뻐하며 조용히 집에서 지냈다.

자기가 본 환상을
몸짓으로 설명하는 사가랴

마리아에게 나타난 천사

갈릴리의 나사렛 마을에 사는 처녀 마리아에게 가브리엘 천사가 나타났다. 마리아는 다윗 가문 출신의 요셉과 약혼한 사이였다.

가브리엘이 말했다. "주님이 너와 함께 하시기를! 너는 여자들 중에서 가장 복받은 사람이다."

마리아는 천사의 인사를 받고 어리둥절했다. 천사가 왜 하필 자기를 찾아왔는지 알 수 없었다. "마리아야, 두려워하지 말아라." 가브리엘이 안심시켰다. "하나님께서 너를 선택하여 한 아기의 어머니로 삼으셨다. 그 아기의 이름은 '예수'라고 불릴 것이다. 그는 위대하게 되고, 그의 나라는 영원할 것이다."

나사렛

마리아와 요셉은 갈릴리 북쪽에 있는 나사렛에서 살았다. 예수님도 이 마을에서 성장하셨다. 나사렛은 중요 상업도시인 세포리스에서 약 8km 떨어져 있는데, 언덕으로 둘러싸여 요새화된 골짜기에 자리잡고 있다. 위의 사진은 오늘날의 나사렛인데, 중앙에 '수태고지 교회'가 보인다. '수태고지'(受胎告知)란 가브리엘 천사가 마리아에게 예수님을 낳게 될 것이라고 알려준 것을 말한다.

천사가 일러 가로되
"마리아여, 무서워 말라.
네가 하나님께 은혜를 얻었느니라.
보라, 네가 수태하여
아들을 낳으리니
그 이름을 예수라 하라".
(눅 1:30-31)

마리아가 천사의 인사를 받고,
왜 하필 자기를 찾아왔는지
알 수 없어 어리둥절해하다

"하지만 어떻게 그런 일이 일어날 수 있습니까?" 마리아가 물었다. "저는 아직 결혼도 하지 않은 처녀입니다."

"성령이 너에게 임하시고, 하나님의 은혜가 너와 함께하실 것이다. 네가 낳을 아기는 하나님의 아들이라 불릴 것이다."

이 말을 들은 마리아는 가브리엘 앞에 무릎을 꿇고 머리를 조아리며 대답했다. "하나님의 뜻에 순종하겠습니다. 말씀하신 대로 준비하겠습니다."

마리아가 고개를 들었을 때, 천사는 이미 가고 없었다.

가브리엘 천사
마리아에게 나타난 가브리엘 천사를 그린 성경 사본의 한 면. 가브리엘은 천사장(천사들 중의 우두머리), 또는 지위가 높은 천사였다. 가브리엘은 하나님이 약속하신 구세주 메시아가 오리라는 소식을 사람들에게 전해 주었다. 가브리엘 말고도 성경에는 또 하나의 천사장이 등장하는데, 그 이름은 미가엘이다.

가브리엘 천사가 마리아에게 예수라는 이름의 아들을 낳을 것이라고 말하다

요한의 출생

유대에서 엘리사벳을
만나는 마리아

마리아는 사촌 엘리사벳을 보기 위해 유대의 산골 마을로 서둘러 갔다. 마리아가 집에 들어서면서 인사를 하자, 엘리사벳의 뱃속에 있는 아기가 기뻐서 뛰놀았다. 그 순간 엘리사벳은 하나님께서 자기 옆에 계심을 알아차렸고, 그것이 하나님의 아들을 잉태한 마리아 때문이라는 것도 알게 되었다.

"마리아, 너는 모든 여자들 가운데 가장 복받은 사람이야!" 하고 엘리사벳이 소리쳤다. "네 목소리를 들었을 때 뱃속의 아기가 움직이는 것을 느꼈어. 네가 이 곳에서 나와 함께 있어 주는 것이 얼마나 큰 영광인지 몰라."

그러자 마리아가 하나님을 찬양했다.

"내 마음이 주님의 영광을 노래하며, 내 영이 주 하나님을 기뻐합니다.

주님은 비천한 종인 나를 자상하게 돌봐 주셨습니다.

주님이 나를 높여 주셨으니 후손들이 일컬어 복이 있다고 할 것입니다.

주님은 자기를 사랑하고 순종하는 사람들에게 언제나 자비로우십니다.

주님은 교만한 사람과 마음이 굳은 사람을 낮추십니다.

주님은 배고픈 사람에게 언제나 먹을 것을 주시지만,

부자와 욕심 많은 사람들에게는 아무것도 주지 않으십니다.

주님은 선하시고 주님의 이름은 거룩하십니다."

마리아는 엘리사벳의 집에 석 달 간 머문 후 고향 나사렛으로 돌아왔다.

얼마 뒤에 엘리사벳이 아들을 낳았다. 엘리사벳의 가족과 이웃들은 하나님이 그녀에게 은총을 베푸신 것을 보고 대단히 기뻐했다. 아기는 태어난 지 8일째 되는 날 할례를 받았다.

"아버지의 이름을 따라 이 아기를 사가랴라고 부릅시다" 하고 친척들이 말했다. 그러나 엘리사벳은 "안 됩니다. 이 아기의 이름은 요한이라고 해야 합니다" 하고 말했다.

"친척들 가운데 요한이란 이름을 가진 사람은 없어요." 친척들이 말렸다. 그들은 마침내 사가랴에게 가서 아기의 이름을 무엇으로 할지 물어 보았다.

지붕이 평평한 집
유대와 그 주변의 집들은 진흙 벽돌이나 다듬지 않은 돌로 만들었다. 평평한 지붕은 여러 모로 쓸모가 있었다. 거기에서 옷이나 과일, 곡식을 말릴 수 있었고, 무더운 날에는 지붕에 올라가 자기도 했다.

여전히 말을 할 수 없었던 사가랴는 쓸 것을 달라고 손짓을 했다. 사가랴가 '그의 이름은 요한이다' 라고 큰 글씨로 쓰자 주변에 있던 사람들이 다 놀랐다. 이 때부터 사가랴는 다시 말을 할 수 있게 되었다. 그는 하나님께 감사드리며 찬양했다.

엘리사벳이 특별한 아기를 낳았다는 소식이 유대 땅 온 산골에 퍼져 나갔다. 이 소식을 들은 모든 사람들은 그것이 놀라운 사건이며, 주님이 그 아기와 함께하신다는 것을 알게 되었다.

엔게림

'포도원 샘'이라는 뜻의 엔게림은 유대 땅 언덕에 자리잡고 있는 작고 예쁜 마을이다. 이 곳은 예로부터 사가랴와 엘리사벳의 고향이자 세례 요한이 태어난 곳으로 알려져 있다.

사가랴

엘리사벳

여전히 말을 할 수 없었던 사가랴가
'그의 이름은 요한이다' 라고 크게 쓰다

글쓰는 도구들

사가랴는 파피루스 줄기를 말려서 만든 종이 위에 갈대 펜으로 검은 잉크를 찍어서 글씨를 썼을 것이다.

23

예수님의 출생

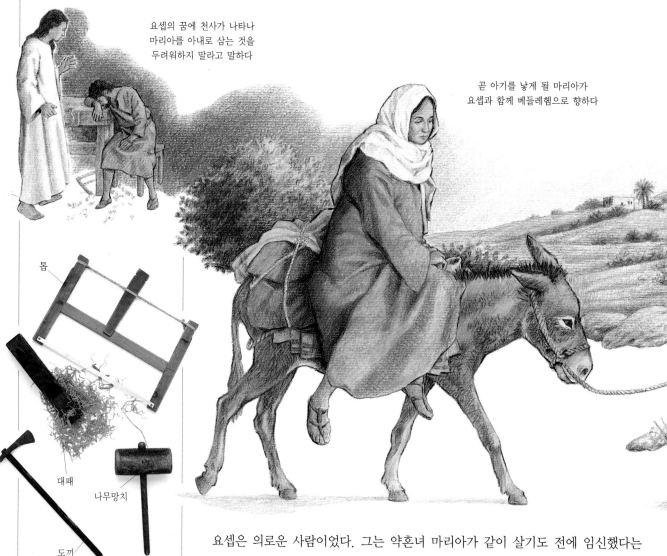

요셉의 꿈에 천사가 나타나
마리아를 아내로 삼는 것을
두려워하지 말라고 말하다

곧 아기를 낳게 될 마리아가
요셉과 함께 베들레헴으로 향하다

톱

대패

나무망치

도끼

목수의 연장들
목수였던 요셉은 가구나 문,
농기구, 마차를 만들거나 집
을 수리할 때 위 그림과 같은
연장들을 사용했을 것이다.
요셉은 목수 기술을 예수님에
게 전수했을 것이다.

요셉은 의로운 사람이었다. 그는 약혼녀 마리아가 같이 살기도 전에 임신했다는
사실을 알고, 그녀가 사람들에게 창피당하지 않도록 조용히 파혼하려고 생각했다.
그러나 천사가 그에게 나타나 말했다. "마리아를 아내로 삼는 것을 두려워하지 말
아라. 그 아이는 성령으로 잉태된 것이다. 마리아가 아들을 낳으면, 그 이름을 '예
수'라고 하여라."

그 후에 곧 요셉과 마리아는 결혼했다. 황제 아우구스투스(아구스도)가 로마 제국
안에 사는 모든 사람들은 호적 등록을 해야 한다는 칙령을 내렸다. 그래서 모든 사
람들이 호적 등록을 하려고 각자의 고향으로 돌아갔다. 요셉은 만삭인 마리아를 데

요셉이 베들레헴에서
묵을 곳을 찾느라 애를 태우다

사람을 태운 당나귀
마리아는 나사렛에서 베들레헴에 이르는 110km 정도의 길을 당나귀를 타고 여행했을 것이다. 당나귀는 예수님 당시에 가장 흔한 교통수단으로, 부자나 가난한 사람들이나 모두 이용했다.

맏아들을 낳아 강보로 싸서
구유에 뉘었으니
이는 사관에 있을 곳이
없음이러라.

(눅 2:7)

아기 예수를
구유에 눕히는 마리아

리고 유대의 베들레헴으로 갔다.

마침내 그들이 베들레헴에 도착했을 때, 베들레헴은 사람들로 가득 차 있었다. 거리마다 사람들이 북적거렸고, 모든 여관과 숙소는 이미 만원이었다. 요셉은 아기가 태어날 때가 임박했기 때문에 걱정이 되었다. 사방을 찾아다녀 보았지만 아무 데도 머물 곳이 없었다. 여행에 지칠 대로 지친 그들은 마침내 쉴 곳을 찾았다. 그 날 밤 마리아는 그 곳에서 아기를 낳았다. 마리아는 관습대로 아기를 포대기에 싸서 가축들의 먹이를 담는 구유에 뉘었다. 그 곳 말고는 아기가 잠잘 수 있는 곳이 아무 데도 없었다.

목자들의 방문

베들레헴 근처의 들판에서 목자들이 밤을 새우며 양떼를 돌보고 있을 때, 어둠 속에서 갑자기 눈부신 빛이 비치더니 한 천사가 나타났다. 목자들은 무서워서 눈을 가렸다. 천사가 목자들을 안심시켰다. "내가 너희에게 좋은 소식을 알려 주겠다. 오늘 베들레헴에서 아기가 하나 태어났는데, 그 아기는 사람들을 구원하는 구세주가 되실 분이다. 구유에 있는 아기를 너희가 곧 보게 될 것이다." 그러자 천사들과 하늘 군대가 나타나 밤하늘을 가득 메우고 하나님을 찬양했다. 그리고 이 땅의 평화와 모든 사람들의 화목을 노래했다.

"지금 당장 아기를 보러 가자!" 목자들은 서둘러 베들레헴으로 갔다. 그 곳에서 마리아와 요셉과 아기를 만난 목자들은 흥분하여 요셉과 마리아에게 자기들이 보고 들은 것을 설명해 주었다. 그리고 나서 하나님을 찬양하며 자리를 떠났다. 마리아는 지금까지 일어난 모든 일들을 마음에 새겨 놓았다.

목자들의 도구

목자들은 밤새 양을 지키며 밖에서 지낼 때가 많았다. 그들은 오늘날의 목자와 마찬가지로 낙타털이나 양가죽으로 만든 겉옷으로 몸을 따뜻하게 했다. 손잡이가 굽은 나무 지팡이를 사용하여 위험에 처한 양을 끌어올렸으며, 그 끝에는 부싯돌 조각이나 못을 박아 놓아서 들짐승들을 쫓는 데 사용했다. 나무로 만든 물통은 다친 양에게 물을 가져다 줄 때 썼다.

주의 사자가 곁에 서고
주의 영광이 저희를 두루 비취매
크게 무서워하는지라.
(눅 2:9)

목자들의 방문

천사들이 나타나
예수님의 탄생을 알려 주다

빨리 가서 마리아와 요셉과
구유에 누인 아기를 찾아서
(눅 2:16)

베들레헴으로
급히 달려온
목자들

목자들이 마리아와 요셉과
아기 예수를 발견하다

성전에 가신 예수

"주재여,
이제는 말씀하신 대로
종을 평안히 놓아 주시는도다.
내 눈이 주의 구원을 보았사오니"
(눅 2:29-30)

시므온 요셉 마리아

아기 예수를 안고
주님께 감사드리는 시므온과
이를 지켜보는 마리아와 요셉

아기가 태어난 지 8일째 되는 날 할례를 행하고, 천사가 일러 준 대로 그 이름을 '예수'라고 지었다. 그리고 나서 마리아와 요셉은 예수를 주님께 드리려고 예루살렘으로 올라갔다. 첫 아들은 주님의 것이므로 제물을 드려야 한다는 율법에 따라 산비둘기 한 쌍이나 어린 집비둘기 두 마리를 바치려는 것이었다.

예루살렘에는 시므온이라는 사람이 살고 있었다. 그는 경건하게 살아가는 의로운 사람이었다. 하나님은 시므온에게 그가 죽기 전에 메시아를 보게 될 것이라고 말씀하셨다. 아기를 안은 마리아가 요셉과 함께 성전에 들어갔을 때, 시므온이 거기에 있었다. 성령의 인도를 받은 시므온은 그 아기가 하나님이 약속하신 구세주라는 사실을 한눈에 알 수 있었다.

아기 예수를 가만히 안은 시므온은 주님께 깊은 감사를 드렸다. "오, 주님! 이제 제가 편안히 죽을 수 있게 되었습니다. 주님은 제가 가장 원하던 것을 이루어 주셨습니다. 모든 사람에게 영광이 될 아기를 내 눈으로 보게 되다니!"

그 때였다. 어떤 늙은 여인이 어둠 속에서 힘없이 발을 끌며 걸어 나왔다. 그녀의 이름은 안나였다. 그녀는 거의 한평생을 성전에서 살며, 밤낮으로 금식하고 기도해 왔다. 아기 예수를 본 안나는 이 일을 허락하신 하나님께 감사드렸다. 그리고 나서 모든 사람에게 예수님이 예루살렘의 구세주가 될 것이라고 말했다.

마리아와 요셉은 사람들이 아기 예수에 대해 말하는 것을 듣고 놀랐다. 일을 모두 마친 그들은 예루살렘을 떠나 고향으로 갔다.

노인

안나는 성전에서 밤낮으로 기도하던 늙은 여 선지자였다. 이렇게 경건한 삶을 살던 안나는 성전에서 예수님을 보게 되는 상을 받았다. 성경에서 나이가 많다는 것은 선하고 지혜롭다는 표시이다. 이것은 하나님의 축복이었다.

예수님을 보러 나오는 안나

동방박사 세 사람

동방박사들이
헤롯 왕을 만나다

헤롯 왕 때에 예수께서
유대 베들레헴에서 나시매
동방으로부터 박사들이
예루살렘에 이르러 말하되
"유대인의 왕으로 나신 이가
어디 계시뇨? 우리가
동방에서 그의 별을 보고
그에게 경배하러 왔노라" 하니

(마 2:1-2)

헤롯 왕이 동방박사들에게
베들레헴 위에 떠오른 별에 대해 자세히 물어 보다

동쪽에서

동방박사들이 어디에서 왔는
지 확실하지 않지만, 페르시
아, 바빌로니아, 아라비아에
서 온 것으로 보인다. 그들은
별을 보고서 앞으로 일어날
징조를 알아 내는 점성가였을
것이다. 동방박사들은 예수님
께 경배한 이방인(유대 사람이
아닌 사람들)을 대표한다.

예수님이 태어났다는 소식은 사방으로 퍼져 나갔다. 박사들 몇 사
람이 동쪽에서 시작하여 예루살렘까지 여행을 했다. 예루살렘에 도착
한 그들은 사람들에게 물었다. "유대인의 왕으로 태어난 아기가 어디
에 있습니까? 우리는 그분의 별을 보고, 그분께 경배드리려고 찾아왔습니
다."

당시 유대의 왕은 헤롯이었다. 장차 왕이 될 아기가 태어날 것이라는 소식이 그
의 귀에까지 들어갔다. 헤롯은 심각한 고민 끝에 경쟁자라면 누구든지 죽이기로
결심했다. 그는 모든 제사장과 율법학자들을 불러서 그 아기가 어디서 태어날 것
인가를 물었다.

그들은 베들레헴이라고 대답했다.

헤롯은 몰래 사람을 보내서 동방박사들을 불러 왔다. 헤롯은 경건한 사람인 척

하면서 어디서 그 별을 보았으며, 그것이 나타난 시간은 언제였는지 등 별에 대해 자세히 물어 보았다. 그리고 나서 말했다. "베들레헴으로 가서 그 아기에 대해 철저히 알아 보고, 아기를 찾거든 나에게 와서 알려 주시오. 나도 그를 찾아가 경배하겠소."

동방박사들은 예루살렘을 떠나 베들레헴으로 향했다. 별이 그들을 인도했다. 그들이 어떤 작은 마을 근처에 도달했을 때, 별이 한층 밝게 빛나더니 아기 예수가 있는 곳에서 더 이상 움직이지 않았다.

동방박사들이 집 안으로 들어갔더니 마리아와 작은 아기가 있었다. 그들은 무릎을 꿇어 아기 예수께 경배드리고, 가져온 보물상자를 열어서 귀중한 선물을 꺼내 바닥에 내려 놓았다. 그들이 아기 예수께 드린 선물은 황금과 유향과 몰약이었다. 그 후 동방박사들은 꿈에 헤롯에게 돌아가지 말라는 지시를 받고 다른 길을 통해 자기 나라로 돌아갔다.

동방박사 세 사람?

이탈리아의 라벤나에 있는 모자이크. 성경에는 동방박사들이 몇 명이었는지 기록되어 있지 않지만, 흔히들 세 명이라고 믿고 있다. 왜냐하면 그들이 가져온 선물이 세 가지였기 때문이다.

황금과 유향과 몰약을
가져온 동방박사들

집으로 들어가
마리아와 아기 예수를 보다

세 가지 선물

동방박사들은 황금과 유향과 몰약을 가져왔다. 유향은 향기 나는 송진으로, 하나님을 경배하기 위해 불에 태우던 재료이다. 몰약은 향기 나는 고무인데, 장사 지낼 때 시신에 발랐다. 황금은 왕이신 예수님을, 유향은 하나님이신 예수님을 상징한다. 몰약은 예수님이 사람이시며, 따라서 죽게 되리라는 것을 상징한다.

이집트로 피신하다

밤중에 베들레헴을 떠나 이집트로 가는
요셉과 마리아와 아기 예수

동방박사들이 떠나고 나서 천사가 요셉의 꿈에 나타났다. "지금 곧 마리아와 아기를 데리고 이집트로 떠나라. 지체할 시간이 없다. 헤롯의 군인들이 아기를 찾고 있는데, 발각되는 즉시 너희는 죽게 될 것이다." 요셉은 잠에서 깨자마자 마리아에게 떠나야 한다고 말했다. 그들은 살금살금 집을 빠져 나와서 어둠을 틈타 베들레헴의 좁은 골목길을 뚫고 그 곳을 벗어났다. 피난길은 오랫동안 계속되었고, 마침내 이집트에 안전하게 도착한 요셉의 가족은 그 곳에 머물렀다.

한편 헤롯은 동방박사들에게 속았다는 것을 뒤늦게 알아차렸다. 동방박사들이 예수가 어디에 있는지 말해 주러 돌아오지 않았던 것이다. 화가 머리끝까지 치밀어오른 헤롯은 가까이 있는 사람들에게 소리를 지르면서, 자기를 거역하는 사람에게는 끔찍한 벌을 내리겠다고 을러 댔다. 헤롯은 장교들을 불러서 베들레헴과 그 근처 마을에 사는 두 살 이하의 모든 사내아이들을 다 죽여 버리라고 명령했다. 그리고 그 명령대로 되었다.

얼마 후 헤롯이 죽었다. 천사가 요셉의 꿈 속에 다시 나타났다. "너희를 죽이려던 적들이 모두 사라졌으니, 이제 고향으로 돌아가도 안전하다." 그래서 요셉의 가족은 이집트를 떠났다. 그러나 요셉은 헤롯의 아들 아르켈라우스(아켈라오)가 아버지를 이어 유대의 왕이 되었다는 말을 듣고 안전하게 북쪽으로 더 올라가 갈릴리의 나사렛이라는 마을에 정착했다.

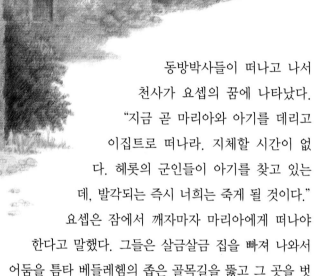

피난길
마리아와 요셉은 이집트에 도착하기까지 네게브 사막과 시내 광야를 건너는 힘든 여행을 했다. 이집트는 피난처로 자주 이용되던 나라였다. 헤롯이 죽은 후 요셉의 가족은 갈릴리의 나사렛으로 갔다.

베들레헴에 있던 두 살 이하의
모든 사내아이가
헤롯의 명령으로 살해되다

성전에서 소년 예수를 찾다

바르-미츠바
예수님은 열두 살 때 예루살렘에 갔다. 유대인에게 열두 살은 성인이 되는 것을 준비하는 나이였다. 오늘날 유대인 소년은 열세 살부터 성인으로 대접받는데, 이것을 축하하는 행사가 '바르-미츠바' 이다.

요셉과 마리아는 유월절이 될 때마다 관습에 따라 예루살렘으로 갔다. 예수님이 열두 살 되던 해에도 어김없이 예루살렘에 가서 유월절 행사를 치렀다. 유월절이 끝난 후 그들은 집으로 향하는 긴 여행길에 올랐다. 언제나 그랬던 것처럼 친구나 친척들과 함께 무리를 지어서 하룻길을 지나왔을 때였다. 요셉과 마리아는 예수님이 무리 가운데 없다는 것을 알았다. 처음에는 친구의 자녀들과 함께 있을 거라고 생각했지만, 아무리 찾아도 보이지 않았다.

걱정이 된 마리아와 요셉은 예루살렘으로 되돌아갔다. 3일 동안 예루살렘을 헤매다니며 예수님을 찾아 보았지만 헛수고였다. 절망에 빠진 그들은 성전에 가 보기로 했다. 그런데 바로 거기, 예수님이 있었다. 그는 많은 학자들과 교사들 가운데 앉아서 함께 이야기를 나누고 있었다. 그 곳에 있

학자들 가운데 앉아서
그들의 이야기를 듣고,
질문하는 예수

던 사람들은 열두 살짜리 아이의 지혜와 총명에 모두 놀라움
을 금치 못했다.

마리아와 요셉이 예수님에게 말했다. "이렇게 식구들을 떠나
있으면 어떡하니? 어디를 가면 간다고 말을 해야지. 너를 찾으려
고 사흘이나 사방천지를 헤매고 다녔잖아!"

"무엇하러 저를 찾으셨어요?" 예수님이 의아해하며 대답했다 "제가
제 아버지의 집에 있어야 한다는 것을 모르셨어요?"

마리아와 요셉은 이 말이 무슨 뜻인지 이해할 수 없었다. 예수님은 성전
을 떠나 부모와 함께 나사렛으로 돌아갔다.

헤롯 성전

헤롯 성전은 유대인의 종교생활의 중심지로서 솔로몬 성전 터에 헤롯 대왕이 세운 것이다. 유대 백성들에게 인기를 얻고 싶었던 헤롯은 솔로몬 성전처럼 웅장한 성전을 짓고 싶었다. 헤롯 성전은 기원전 20년에 짓기 시작하여 기원전 9년부터 사용했지만, 완공된 것은 기원후 64년이었다. 그러나 6년 후에 로마 군대는 이 성전을 파괴해 버렸다. 성전은 크림 색 돌로 지어졌으며, 기둥은 대리석으로 되어 있었다. 낮에는 너무 환하게 빛나서 성전을 똑바로 쳐다볼 수가 없을 정도였다. (《성경전과 · 구약》 17쪽 참조)

결국 성전에서
예수를 찾은 마리아와 요셉

학자들과 교사들이
예수의 지혜와 총명에 놀라다

사흘 후에 성전에서 만난즉
그가 선생들 중에 앉으사
저희에게 듣기도 하시며
묻기도 하시니
(눅 2:46)

세례 받으시는 예수님

세례 요한의 말을 들으려고 모여든 사람들

세례 요한이 사람들에게
회개하라고 선포하다

사막의 음식

세례 요한은 사막에서 메뚜기
와 꿀을 먹고 살았다. 팔레스
타인에는 야생 벌들이 흔했는
데, 바위나 나무의 구멍에 집
을 짓고 살았다. 세례 요한이
먹은 것은 이 벌들이 모은 꿀
일 것이다. 메뚜기에는 지방
과 단백질이 많아서 고기가
흔하지 않은 지역에 사는 사
람들이 즐겨 먹었다. 튀기거
나 삶거나 말려서 먹기도 하
고, 더러는 날것으로 먹기도
한다. 메뚜기에 꿀을 바르면
쓴맛을 없앨 수 있다.

세례 요한은 유대의 광야 깊숙한 데서 이 곳 저 곳을 돌아다니며 하나님의 말씀을 전했다. 그는 낙타털로 만든 허름한 겉옷에 가죽 허리띠를 맸고, 메뚜기와 야생 꿀을 먹으며 살았다. 그는 설교를 들으러 온 모든 사람들에게 "회개하라! 회개하라!"고 외쳤다. "악한 길에서 떠나라! 하나님의 나라가 곧 여기에 세워질 것이다!"

예루살렘과 요단 계곡과 유대의 모든 마을의 사람들이 그의 말을 들으려고 모여들었다. 그들은 세례 요한에게 물었다. "저희가 의롭게 살려면 어떻게 해야 합니까?" 세례 요한이 대답했다. "여러분이 가지고 있는 것을 남에게 나누어 주고, 어느 누구에게도 해를 끼치지 마십시오. 또 죄 없는 사람을 고발하지 마십시오."

수많은 사람들이 죄를 고백했고, 세례 요한은 요단 강에서 그들에게 세례를 주었다. 그가 말했다. "나는 여러분들에게 물로 세례를 주지만, 내 뒤에 오실 그분은 성령의 불로 세례를 줄 것입니다! 그분은 너무도 선하고 순결한 분이시기에 나는 감히 그분의 신발 끈을 맬 자격조차 없습니다."

사람들이 그에게 물었다. "당신이 그리스도입니까?"

"아니오. 나는 다만 그분을 위해 길을 예비할 뿐입니다. 나는 광야에서 외치는 소리입니다."

예수님도 갈릴리에서 와서 세례 요한의 설교를 들으셨다. 그리고 요단 강에서 세

세례 받으시는 예수님

요단 강에서 세례를 받으려고
사람들이 찾아오다

세례 요한이 예수님에게 세례를 주다

세례

유대 사람들에게는 죄를 씻는 의식이 중요했다. 세례 요한은 당시 유대 관습에 따라 사람들에게 세례를 주긴 했지만, 여기에 새로운 의미를 부여했다. 세례 요한이 세례를 준 목적은 예수님이 오실 것을 기대하며 사람들의 죄를 없애 주려는 것이었다. 오늘날 세례는 기독교 신앙을 받아들인다는 표시로서 기독교인들에 의해 전세계에 걸쳐서 행해지고 있다.

비둘기

예수님이 세례를 받으실 때 성령은 비둘기의 모습으로 임하셨다. 그 이후에 비둘기는 성령을 상징하게 되었다. 비둘기는 그 밖에도 평화, 사랑, 온유와 용서를 상징한다.

례를 받으려고 하셨다. 그러자 세례 요한이 말했다. "그렇게 할 수는 없습니다. 오히려 당신이 제게 세례를 주셔야 합니다."

예수님이 대답하셨다. "하나님이 원하시는 대로 합시다." 그리고 나서 강으로 내려가 물 속으로 들어가셨다. 세례 요한이 예수님에게 세례를 주자 곧 하늘이 열리더니 성령이 비둘기의 모습으로 나타나셨다. 그리고 하나님의 음성이 들려 왔다. "이 사람은 내가 사랑하는 아들이요, 내가 기뻐하는 사람이다."

광야의 시험

사탄
사탄은 천장에 그린 이 그림처럼 날개가 달리고 뿔이 돋힌 피조물로 자주 묘사된다. 성경에서 사탄, 혹은 악마는 하나님의 일을 사사건건 훼방하는 존재이다.

예수님은 성령에 이끌려 광야로 가서 40일 동안 금식하며 기도하셨다. 들짐승과 새들만 살아가는 그 곳에서 예수님은 혼자 지내셨다. 40일이 지나자 예수님은 배고픔으로 기진맥진해 지셨다. 그 때 사탄이 나타나 예수님을 유혹했다. "네가 진짜 하나님의 아들이라면 이 돌들을 빵으로 만들어 보아라!"

예수님이 대답하셨다. "사람이 단지 빵으로만 살 것이 아니라 하나님의 말씀에 담긴 힘을 알아야 한다고 성경에 쓰여 있다."

그러자 사탄은 주위 풍경을 예루살렘으로 바꾸더니 예수님을 성전 지붕 가장 높

들짐승과 새들만 사는
광야에서 예수님이
혼자 지내시다

사탄이 예수님에게 돌로
떡을 만들어 보라고 유혹하다

은 곳으로 데리고 올라갔다. "이 곳에서 뛰어내려 보아라. 천사들이 하나님의 아들을 지켜서 다치지 않게 할 것이라고 성경에 쓰여 있지 않느냐?"

예수님이 대답하셨다. "성경에 기록되기를, 하나님을 시험하지 말라고 하였다."

이번에는 사탄이 예수님을 높은 산 꼭대기로 데리고 갔다. 사탄은 그 곳에서 세상의 모든 나라를 예수님에게 보여 주며 말했다. "네가 무릎을 꿇어 내게 절한다면 너를 이 세상의 왕으로 만들어 주겠다."

예수님이 소리치셨다. "사탄아, 물러가라! 오직 하나님만이 경배받을 분이시다!"

이 말에 사탄은 자기가 진 것을 알고 사라졌다. 그러자 하늘에서 천사들이 나타나 예수님의 시중을 들었다.

유대 광야
유대 광야는 요단 계곡의 서쪽에 있는 거칠고 삭막한 지역이다. 예수님은 사막에서 홀로 유혹에 맞섬으로써 강한 능력을 나타내셨다.

사탄이 예수님에게 성전 지붕에서 뛰어내리라고 유혹하다

사탄이 산꼭대기에서 예수님에게 세상을 보여 주며 유혹하다

예수께서 대답하여 가라사대 "기록되었으되, 사람이 떡으로만 살 것이 아니요, 하나님의 입으로 나오는 모든 말씀으로 살 것이라 하였느니라" 하시니

(마 4:4)

갈릴리의 예수님

예수님은 팔레스타인 북쪽의 갈릴리에 있는 나사렛이라는 동네에서 성장하셨다. 이 곳 사람들은 독립심이 강하고 대담하기로 정평이 나 있었고, 특히 이들의 억양은 독특해서 예루살렘 사람들은 말투만 보고서도 예수님과 그의 친구들 대부분이 갈릴리 출신임을 알 수 있었다.

예수님은 나사렛에서 남쪽으로 약 160km 떨어져 있는 유대 지방의 베들레헴이라는 작은 마을에서 태어나셨다. 그러나 예수님이 어른이 되어서 행하신 일들—병든 자를 고치신 일, 기적을 일으키신 일, 산에서 설교하신 일 등—은 대부분 갈릴리에서 일어났다.

예수님이 태어나신 날짜가 정확히 언제인지 알 수 없으나, 로마 황제 아우구스투스가 통치하던 기원전 5-4년경이었을 것이다.

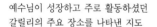

예수님이 성장하고 주로 활동하셨던 갈릴리의 주요 장소를 나타낸 지도

예수님은 어머니 마리아와 목수였던 아버지 요셉 밑에서 자랐다. 요셉과 예수님은 나사렛의 목공소에서 문짝이나 마차, 사다리, 연장 그릇에 이르기까지 나무로 된 물건들을 만들거나 고치는 일을 했을 것이다. 그리고 건축 일을 하러 갈릴리를 돌아다니기도 했을 것이다.

예수님은 어떻게 생겼을까?

수세기 동안 사람들은 그림과 모자이크, 조각, 스테인드 글라스 등으로 예수님을 표현했다. 예수님의 모습은 누가 표현하느냐에 따라 달라졌다. 예수님의 강한 모습을 강조한 이들도 있었고, 온유한 모습을 강조하는 이들도 있었다. 실제로 예수님의 머리카락과 눈동자는 모두 검은색이었을 것이다. 그리고 직업을 고려할 때, 어깨가 우람하고 팔도 튼튼했을 것이다.

예수님은 유대인이셨다. 예수님과 그의 가족은 나사렛의 회당에 다녔다. 회당에서는 안식일(금요일 해질 무렵에서 토요일 해질 무렵까지)마다 예배를 드렸고, 토라(성경의 처음 다섯 권의 책)를 읽었다. 예수님은 기독교인들이 구약 성경이라고 부르는 유대인의 성경과 더불어 중요한 유대인의 책들을 배우셨을 것이다. 예수님은 열두 살 때 성전

에서 그 지혜와 총명으로 율법학자들을 놀라게 하기도 하셨다.

서른 살이 되었을 때 예수님은 많은 사람들의 관심을 끌기 시작했다. 사람들은 그가 하나님에 대해 가르치는 것을 듣고 병자들을 고치는 것을 보려고 몰려왔다. 예수님은 어떠한 사람과도 잘 어울리셨다. 그는 엄숙할 때도 있었고 재미있을 때도 있었으며, 때로는 무뚝뚝하고 때로는 다정하셨다.

하나님의 아들

예수님은 스스로 하나님의 아들이라고 주장하셨기 때문에 적이 많았다. 그러나 많은 사람들은 예수님을 메시아로 믿었다. 하나님이 이 세상에 보내겠다고 약속하셨고, 구약의 예언자들이 예언했던 그 특별한 분이라고 생각했던 것이다. 예수님의 죽음은 기독교인들에게 중요하다. 왜냐하면 그가 죽음으로써 모든 사람들을 향한 하나님의 사랑을 보여 주셨다고 믿기 때문이다. 그리하여 십자가는 기독교의 주된 상징이 되었다. 그러나 기독교인들은 예수님의 죽음이 끝이 아니라고 믿는다. 그가 부활하여 지금도 살아 계시며, 다시 이 땅에 오실 것을 믿는 것이다.

예수님의 친구들과 제자들

예수님을 가장 먼저 따르던 사람들, 즉 예수님의 제자들은 갈릴리 출신의 어부들이었다. 나중에 '사도'로 알려지게 된 열두 명의 제자들은 3년

갈릴리 바다

예수님과 관련된 많은 사건들은 갈릴리 바닷가나 그 근처의 마을에서 일어났다. 높은 언덕들 사이에 위치한 갈릴리 바다는 민물 호수로서 성경은 '게네사렛 호수' 혹은 '티베리아스(디베랴) 바다' 라고도 부른다.
예수님 당시 갈릴리 바다에는 고기가 많았다. 예수님이 그의 첫 제자들—어부 베드로, 안드레, 야고보, 요한—을 부르신 곳도 갈릴리 바닷가였다.

동안이나 집과 일터를 버리고 예수님과 함께 돌아다니며 사람들에게 하나님에 대해 가르쳤다. 그들은 예수님의 절친한 동역자들이었다.

예수님과 가장 친했던 세 명의 친구는 예루살렘 근처에 있는 베다니에 살았다. 그들의 이름은 마르다와 그녀의 여동생 마리아, 그리고 오빠 나사로였다. 예수님은 예루살렘에 갈 때 그들의 집에서 자주 머무르셨다.

예수님이 처음 부르신 제자들은 어부였다.

예수님과 친했던 친구들 가운데에는 여인들도 몇 명 있었다.

예수님에게는 마리아라는 이름의 또 다른 친구가 있었는데, 이 마리아는 갈릴리 바다 서쪽 해안에 있는 막달라 출신이었다. 마리아는 남들에게 손가락질 받으며 살았으나 예수님은 그녀가 새롭게 출발할 수 있도록 도와 주셨다. 막달라 마리아는 예수님에게 헌신적이었다. 예수님이 십자가에 달려 돌아가실 때, 그녀는 예수님의 어머니 마리아, 제자 야고보의 어머니 마리아와 함께 그 현장에 있었다.

예수님을 따르던 사람들의 직업은 마태 같은 세리에서부터 아리마대 요셉처럼 부자이며 권세가였던 사람들에 이르기까지 다양했다. 아리마대 요셉은 당시 유대인의 공의회였던 산헤드린의 회원이었다. 예수님의 무덤을 제공한 사람도 바로 아리마대 요셉이었다. 예수님은 어느 누구도 외면하지 않으셨다. 오랜 세월 동안 이스라엘을 지배한 탓에 많은 사람들에게 미움을 받던 로마 군사들까지도 불쌍히 여기셨다.

예수님은 각양 각색의 사람들을 도와 주셨다.

예수님 당시의 생활 풍습

예수님이 살아 계실 때 여러 가지 사건들이 벌어졌던 장소나 예수님이 사람들에게 이야기로 들려 주신 장소는 평범한 사람들이 사는 집 안팎이었다.

예수님은 하나님에 대해 가르칠 때 사람들이 쉽게 이해하고 기억할 수 있도록 비유를 사용하셨다. 예수님의 이야기에는 보통 사람들의 일상적인 모습들, 예를 들어 농사짓는 일, 고기 잡는 일, 포도원에서 일하는 것, 목자들이나 양떼들, 그리고 사람들에게 친숙한 내용들이 자주 등장했다.

보통 사람들의 집
예수님 당시 팔레스타인에는 여러 가지 모양의 집이 있었다. 유대의 많은 사람들은 위의 사진처럼 작은 방 한 칸짜리 집에서 살았다.

사람들의 생활 모습

갈릴리 마을 사람들은 흔히 자기 집에서 일하거나 근처에 있는 들이나 포도원에서 일했다. 많은 사람들이 갈릴리 바다에서 어부로 일했다. 부자들은 방이 여러 개 있는 집에서 살았지만 보통 사람들은 진흙 벽돌로 만든 집에서 살았다. 일반적으로 아래층에 방 한 개가 있고, 바닥보다 약간 높은 곳을 만들어 음식을 요리하거나 식사를 하고 잠을 잤다. 집 안에 있는 방은 서늘하고 어두웠는데, 높은 곳에 조그만 창문을 만들어 채광창으로 사용하거나 등잔을 사용했다. 돈이 있는 사람들은 뜰에 가축을 사육했고, 밤에는 대개 집의 낮은 곳

에 두었다. 바깥에는 지붕으로 올라가는 계단이나 사다리가 있었다. 사람들은 때때로 지붕에서 잠을 자거나 시간을 보내기도 하고, 포도 같은 농작물이나 아마를 말리기도 했다. 지붕은 일반적으로 나뭇가지를 엮어서 만든 후 진흙과 지푸라기 섞은 것을 그 위에 덮었다. 집의 지붕을 부수고 중풍병에 걸린 친구를 예수님께 내려 보낸 이야기에서 알 수 있듯이 지붕은 뜯어 낼 수도 있었다.

잃어버린 동전 비유에 나오는 여자는 집 안의 가축에게 깔아 주는 지푸라기 속에서 잃어버린 동전을 찾느라고 고생했을 것이다.

초막절(혹은 장막절)에는 가족마다 자신들을 보호해 주시고 필요한 것들을 채워 주신 하나님께 감사하며 지붕에 장막을 치고 지낸다. 이 절기는 추수 때와 맞물려 있기 때문에 장막을 나뭇잎들과 열매로 장식하는데, 여기에는 '하나님께서 자기 백성에게 공급하신다'는 것을 기억하려는 뜻이 담겨 있다.

여자들과 그들의 일

집안 일을 돌보는 것은 여자의 소관이었다. 여자들은 날마다 음식을 준비하여 요리하고 빵을 구웠다. 또 옷을 만들기 위해 실을 잣거나 천 짜는 일을 했고, 추수 때에는 들에 나가 일을 했다. 또 커다란 물항아리를 들고 날마다 우물에 가서 먹을 물을 길어 와야 했다.

큰 집은 2층으로 되어 있고,
바깥에는 2층으로 통하는 계단이 있었다.

농부들의 생활 모습

예수님의 비유에는 농사일이 자주 언급된다. 예를 들어 예수님은 하나님의 말씀을 땅에 뿌린 씨앗에 비유했으며, 예수님과 제자들의 관계를 포도나무와 가지의 관계에 비유하기도 하셨다. 그리고

밭갈이
예수님은 대개 탁 트인 야외에서 설교를 했기 때문에 밭에서 일하는 농부를 지켜보며 이야기를 들려 주었을 것이다.

농부가 밀과 가라지를, 또 알곡과 겨를 구분하듯이 하나님께서도 그의 나라에 들어갈 사람을 결정하신다고 말씀하셨다.

농사일은 10월에 시작되는데, 이 때 농부들은 두 가지 주요 곡식, 즉 보리와 밀을 뿌리기 위해 밭을 갈았다. 농부들은 나무로 된 쟁기를 사용했으며, 때로는 소를 이용하여 쟁기를 끌기도 했다. 그리고 갈아 놓은 밭에 손으로 씨앗을 뿌렸다. 그리하여 이듬해 초에는 아마를 추수하고, 4월이나 5월에는 밀과 보리를 추수했다. 낫으로 벤 곡식은 단으로 묶은 뒤 막대기로 줄기를 쳐서 타작을 했

포도원의 일꾼들
포도나무는 6월에서 8월 사이에 가지치기를 한다. 8-9월에는 무화과 열매나 석류, 포도를 수확한다.

다. 그리고 마지막으로 나무로 된 갈퀴를 사용해서 낟알들을 까불렀다.

많은 유대 절기들은 농사에 중요한 시기들과 연관되어 있다. 유월절은 보리와 아마의 추수 기간인 3-4월에 치러진다. 유월절 후 50일이 지나면 추수의 마지막 때가 되는데, 이 기간에는 추수의 선물을 주신 하나님께 감사하는 뜻에서 오순절을 지킨다.

씨 뿌리는 사람의 비유

갈퀴

목자의 일

목자들은 일반적으로 양과 염소를 함께 돌보았다. 목자가 하는 일은 가축들을 신선한 목초지와 물가로 이끌고 가거나 들짐승으로부터 보호해 주는 것이었다. 예수님은 잃은 양을 찾아다니는 목자의 비유를 말씀하신 적이 있다. 이 비유는 목자가 자기 양을 돌보듯 하나님도 자기 백성을 돌보신다는 사실을 보여 준다.

잃은 양 비유

마태복음 4, 9, 10; 마가복음 1, 2, 3; 누가복음 5, 6

제자를 부르시는 예수님

예수님이 베드로와 안드레에게
그물을 던지라고 말씀하시자
그물에 물고기가 가득 잡히다

고기잡이

갈릴리 바다 주변에서는 고기잡이가 중요한 산업이었다. 사진처럼 낚싯줄과 낚싯바늘이 때때로 사용되기도 하지만, 일반적으로 그물을 사용한다. 예수님의 제자 열두 명 가운데 적어도 네 명은 어부였다.

예수님은 갈릴리 바다 근처에 있는 가버나움에 살면서 사람들을 가르치셨다. 어느 날 바닷가를 거닐고 있을 때 육지에 대어 놓은 고깃배 두 척이 눈에 띄었다. 그 배의 주인들은 근처에서 그물을 씻고 수선하고 있었다. 예수님은 가까이에 있는 배에 올라가서 모여든 사람들에게 설교하셨다. 얼마 후 예수님은 배의 주인인 시몬 베드로에게 "좀더 깊은 곳으로 가자"고 말씀하셨다.

어느 정도 육지에서 떨어지자 예수님은 시몬 베드로와 그의 동생 안드레에게 그물을 바다에 던지라고 말씀하셨다. 그들은 "여기에는 물고기가 없습니다. 밤새도록 그물을 던져 보았지만 허탕만 쳤습니다" 하고 대답했다.

그러나 그들이 예수님의 말씀대로 그물을 던졌을 때 놀랍게도 그물에 물고기가 가득 걸려들었다. 어찌나 무거웠던지 그들의 힘으로 끌어올릴 수 없을 정도였다. 그래서 다른 배에 있는 동료들에게 도와 달라고 신호를 보냈다. 그들은 거의 찢어질 듯한 그물을 끌어서 배에 올렸다.

베드로와 안드레, 그리고 세배대의 아들 야고보와 요한은 이 기적적인 일을 보고 두려워서 무릎을 꿇었다. 그러나 예수님은 "무서워하지 말아라. 자, 이제 나를 따라오너라. 내가 너희들을 사람 낚는 어부로 삼겠다"고 말씀하셨다. 그들은 배를 뭍에 댄 다음 그물과 모든 고기잡이 도구들을 버려 두고 예수님을 따라갔다.

예수님은 제자들과 함께 갈릴리 온 땅을 돌아다니셨다. 회당에서 설교하시고, 하나님의 말씀을 전하시며, 병자들을 고쳐 주셨다. 온갖 병에 걸린 사람들—중풍병자, 고통으로 신음하는 자, 귀신들린 자 등—이 치료를 받기 위해서 예수님을 찾아왔다. 갈릴리뿐만 아니라 예루살렘과 유대와 요르단(요단) 너머에서도 예수님의 말씀을 들으려고 사람들이 찾아왔다.

어느 날 예수님은 세리 마태의 곁을 지나가게 되었다. 마태는 로마를 위해 일하고 있었기 때문에 유대 사람들에게 미움을 받았다. 그러나 예수님은 그에게도 "나를 따라오너라" 하고 말씀하셨다. 마태는 아무런 대꾸도 하지 않고 자기의 일자리

제자를 부르시는 예수님

를 버리고 예수님을 따라갔다.

예수님이 다시 집으로 돌아와 동료들과 저녁 식사를 하실 때였다. 많은 사람들이 예수님과 어울리기 위하여 찾아왔다. 그들 대부분은 죄인(세리나 창녀처럼 천대받던 사람들)으로 취급받는 사람들이었다. 바리새인들은 예수님처럼 착한 사람이 그처럼 나쁜 사람들과 어울리는 것을 보고서 놀랐다. 바리새인들이 예수님의 친구들에게 물었다. "왜 자네들 스승은 이렇게 질 나쁜 사람들과 가깝게 지내는 건가?" 그들의 비웃는 소리를 예수님이 듣고 대답하셨다. "의사가 필요한 사람은 건강한 사람이 아니라 아픈 사람이다. 나는 착한 사람들을 회개시키러 온 것이 아니라 죄인을 회개시키기 위해 왔다. 그렇기 때문에 나를 필요로 하는 사람은 바로 저들이다."

예수님은 혼자서 높은 산 꼭대기에 올라가 밤새도록 기도하셨다. 그리고 다음 날 자기를 따르는 사람들을 모두 불러서 그 중에서 열두 명을 뽑아 제자로 삼으셨다. 예수님은 제자 한 사람 한 사람에게 하나님 말씀을 전하고 병을 고치는 특별한 능력을 주셨다. 그 열두 명의 이름은 시몬 베드로와 그의 동생 안드레, 세배대의 아들 야고보와 요한, 빌립, 바돌로매, 도마, 세리 마태, 야고보, 다대오, 열혈당원 시몬, 가룟 유다였다.

세리 마태에게 자기를 따라오라고 말씀하시는 예수님

말씀하시되 "나를 따라오너라. 내가 너희로 사람을 낚는 어부가 되게 하리라" 하시니 (마 4:19)

예수님이 열두 명의 제자를 뽑아서 그들에게 하나님 말씀을 전하고 병을 고치는 특별한 능력을 주시다

마태
시몬
빌립
예수님
요한
요한의 동생 야고보
안드레
시몬 베드로
바돌로매
도마
야고보
다대오
유다

가나 결혼 잔치

물항아리
물을 길어 나르고 담아 두는
돌항아리. 큰 항아리에는 115
리터까지 물을 담을 수 있다.

갈릴리의 가나 마을에서 결혼 잔치가 열렸다. 예수님은 어머니 마리아와 함께 초대를 받아 열두 명의 제자들을 데리고 잔칫집에 가셨다. 손님들이 잔치를 즐기고 있을 때였다. 술단지가 어느 새 텅 빈 것을 알게 된 마리아가 예수님에게 속삭였다. "애야, 포도주가 다 떨어졌구나." 그리고 나서 마리아는 곁에 서 있던 하인에게 예수님이 시키는 대로 하라고 말했다.

그 때 벽 옆에는 정결하게 하는 종교적 의식에 사용되는 물항아리들이 세워져 있었다. 이 물항아리들은 크기가 매우 커서 두 사람이 달라붙어야 겨우 옮길 수 있었다. 예수님은 하인에게 손짓으로 오라고 했다. "저기 있는 항아리마다 물을 채워라." 항아리의 가장자리까지 물을 채우자 예수님이 말씀하셨다. "잔치를 맡은 사람에게

예수님과 함께 결혼 잔치에 가는
마리아와 제자들

돌항아리

항아리에 물을 채워
잔치 맡은 사람에게 떠다 주라고
말씀하시는 예수님

떠다 주어 맛을 보게 하여라."

신랑 가까이에 앉아 있던 잔치 맡은 사람은 그 포도주가 어디서 생겼는지 알지 못했다. 그런데 한번 먹어 보니 맛이 아주 좋았다. 그는 일어서더니 건배를 청하며 신랑에게 말했다. "당신 참 멋진 사람이구려! 대개는 잔치가 시작될 때 좋은 술을 내놓고, 손님들이 취한 뒤에는 덜 좋은 술을 내놓는 법인데, 이제까지 가장 좋은 술을 내놓지 않고 있었다니!" 그리고서는 고개를 젖히더니 포도주를 꿀꺽꿀꺽 마셔 댔다.

가나 결혼 잔치에서 일어난 기적은 예수님이 첫 번째로 행하신 기적이었다. 이런 식으로 예수님은 자신의 거룩한 영광을 드러냈고, 자신에 대한 제자들의 믿음을 굳게 세워 주셨다.

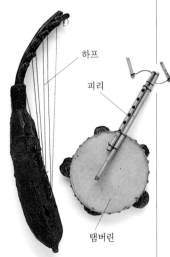

가나
사람들은 사진에 보이는 '케파르 가나' 라는 마을이 가나일 것이라고 생각한다. 갈릴리의 나사렛 북쪽 계곡에 있는 이 마을은 올리브 나무와 석류나무로 둘러싸여 있다. 이 곳에 예수님의 기적을 기념하는 두 개의 교회가 서 있다.

신랑

잔치 맡은 사람이, 가장 좋은 술을 이제까지 숨겨 두었다고 말하며 신랑을 위해 건배하다

잔치 맡은 사람

하프

피리

탬버린

악기
유대의 결혼 잔치에서는 종종 연주가들이 악기를 연주했다. 흔히 하프는 채(피크)를 가지고 연주했다. 연주가들이 피리나 탬버린을 연주할 때 여인들은 춤을 추며 노래했다.

마태복음 5-7; 누가복음 6, 11

산상수훈

예수님이 산 위에서 설교하시다

예수님의 말씀을 들으려고
사람들이 모여들다

"심령이 가난한 자는 복이 있나니
천국이 저희 것임이요,
애통하는 자는 복이 있나니
저희가 위로를 받을 것임이요,
온유한 자는 복이 있나니
저희가 땅을 기업으로
받을 것임이요"
(마 5:3-5)

엄청나게 많은 사람들이 예수님의 말씀을 들으려고 몰려들었다. 예수님은 모든 사람들이 자신을 보며 설교를 들을 수 있도록 산으로 올라가서 이렇게 말씀하셨다.

"마음이 가난한 사람은 복이 있으니, 천국이 저희 것이 될 것이다. 온유한 사람은 복이 있으니, 그들이 땅을 차지하게 될 것이다. 자비한 사람은 복이 있으니, 그들이 자비를 입을 것이다. 마음이 깨끗한 사람은 복이 있으니, 그들이 하나님을 볼 것이다. 평화롭게 하는 사람은 복이 있으니, 그들이 하나님의 자녀라고 불릴 것이다. 겸손한 사람은 복이 있다. 의로운 사람은 복이 있다. 옳은 일을 하는 사람은 복이 있다. 나 때문에 박해를 받는 사람은 복이 있다. 그들이 하늘나라에서 상을 받을 것이다.

너희의 착한 행실을 숨기지 말고, 어두운 집 안을 밝혀 주는 촛불처럼 빛나게 하여라. 불을 붙인 등불은 사발 아래 두지 않고 온 방을 비추는 곳에 두는 법이다.

나는 율법을 허물어뜨리거나 예언자들의 말을 반박하기 위해서 온 것이 아니라 오히려 그것을 완전하게 만들려고 왔다. 율법을 지키는 것은 아주 중요한 일이기 때문이다.

너희는 살인하지 말라는 말을 들었다. 그러나 마음속으로라도 누구를 죽이겠다는 생각을 품는 사람은 심판을 받을 것이다. 너희는 너희를 화나게 하는 사람을 용서할 수 있어야 한다.

팔복산
(지복산, Mount of Beatitudes)
팔복산은 전통적으로 예수님이 '산상수훈'을 가르치신 곳으로 알려져 있다. 지금은 교회가 서 있는 낮은 언덕으로, 갈릴리 바다가 내려다보이는 가버나움 근처에 있다. '팔복'은 예수님의 산상수훈 중에서 여덟 번 반복되는 "~하는 사람은 복이 있다"는 말을 가리킨다. 팔복은 예수님을 따르는 사람들이 갖추어야 할 이상적인 특징을 담고 있다.

옛 율법에 따르면 눈에는 눈으로, 이에는 이로 대응하라고 했다. 그러나 누가 네 오른쪽 뺨을 치거든 왼쪽 뺨도 내밀어라.

친구를 사랑하기는 쉬운 일이지만, 그에 못지않게 원수를 사랑하는 것도 중요하다. 너희를 거역하는 사람들도 다정하게 대하여라.

착한 일을 할 때에는 떠벌리지 말고 남 모르게 하여라.

하나님과 돈을 동시에 섬길 수는 없다.

너희는 기도할 때 모든 사람이 쳐다볼 수 있는 곳에서 하지 말고, 네 방에 들어가 은밀하게 하여라. 네 마음속에 있는 것을 하나님께 직접 말씀드려라. 또 다음과 같이 기도하여라. '하늘에 계신 우리 아버지여, 이름이 거룩히 여김을 받으시오며, 나라이 임하옵시며, 뜻이 하늘에서 이룬 것같이 땅에서도 이루어지이다. 오늘날 우리에게 일용할 양식을 주옵시고, 우리가 우리에게 죄 지은 자를 사하여 준 것같이 우리 죄를 사하여 주옵시고, 우리를 시험에 들게 하지 마옵시고, 다만 악에서 구하옵소서. 나라와 권세와 영광이 아버지께 영원히 있사옵나이다. 아멘.'

무엇을 입을까, 무엇을 먹을까, 무엇을 마실까 걱정하지 말아라. 하늘의 새는 씨도 뿌리지 않고 헛간에 양식을 쌓아 두지도 않지만 하늘 아버지께서 먹을 것을 주신다. 들의 백합화는 길쌈도 하지 않고 천을 짜지도 않는다. 그러나 솔로몬이 누렸던 온갖 영화도 이 꽃 하나만 못하다.

들의 백합화
예수님이 말씀하신 '들의 백합화'는 아마도 아네모네일 것이다. 이 꽃은 오늘날에도 이른 봄에 중동 지방의 언덕과 들판을 예쁘게 뒤덮는다.

비판하지 말아라. 너희가 남을 판단하는 그대로 판단을 받게 될 것이다. 다른 사람의 눈에 있는 티를 비난하기에 앞서 네 눈 속에 있는 들보를 빼내어라.

구하라, 그러면 주실 것이다. 찾아라, 그러면 찾을 것이다.

거짓 예언자들을 피하고, 양의 가죽을 쓴 늑대를 조심하여라.

내 말을 듣고 그대로 하는 사람은 반석 위에 집을 지은 지혜로운 사람과 같다. 비가 오고 바람이 불고 홍수가 나도 그 집은 견고하게 서 있을 것이다. 그러나 내 말을 듣고서도 그대로 행하지 않는 사람은 모래 위에 집을 지은 어리석은 사람과 같다. 폭풍이 몰아치고 홍수가 일어날 때 그 집은 무너지고 말 것이다. 흔들리는 모래 위에 기초를 놓았기 때문이다."

병자를 고치시다

나병환자

성경에 나오는 '나병'은 온갖 피부병을 포괄한다. 나병환자들은 병이 전염되는 것을 막기 위해 마을과 떨어진 곳에 살았다. 그들은 다 헤진 옷을 입고, 다른 사람들이 접근하지 못하도록 "나는 부정하다! 나는 부정하다!"고 외치며 다녀야 했다. 그렇지만 예수님은 나병환자가 고쳐 달라며 다가왔을 때 그들을 거리낌없이 만지며 고쳐 주셨다.

예수님의 가르침이 소문이 되어 온 나라에 퍼져 나갔다. 그래서 예수님이 가시는 곳마다 수많은 사람들이 따랐다. 어느 날 가버나움에서 한 나병환자가 예수님께 다가와 그 앞에 무릎을 꿇고 말했다. "주님, 주님이 원하시면 저를 고쳐 주실 수 있습니다." 예수님은 그 사람을 불쌍히 여기시고, 손을 내밀어 만져 주면서 말씀하셨다. "내가 원한다. 깨끗하게 되어라."

그 즉시 그 사람의 다리와 팔이 회복되고, 피부도 깨끗해졌다. 예수님이 말씀하셨다. "가서 제사장에게 네 몸을 보여 주어라. 그러면 제사장이 제물을 바친 다음, 네가 깨끗해졌다는 사실을 선언할 것이다. 그러나 아무에게도 이 사실을 말하지 말아라."

그러나 그 나병환자는 자신의 병을 고침받은 것이 너무나 기뻐서 만나는 사람에게마다 이 기적을 이야기했다. 그 후 예수님이 거리를 걸어가실 때면 열렬한 추종

예수님께 치료받게 하려고 네 명의 친구들이
지붕을 뚫고 환자를 내려 보내다

나병환자를 만지며 고쳐 주시는 예수님

예수께서 민망히 여기사
손을 내밀어 저에게 대시며
가라사대 "내가 원하노니
깨끗함을 받으라" 하신대
(막 1:41)

자들이 수없이 예수님을 둘러싸곤 했다.

　어느 날 예수님이 어떤 집에서 말씀을 전하고 계셨다. 그 집에는 숨도 못 쉴 정도로 사람들이 가득 차 있었다. 어떤 네 사람이 심한 중풍병에 걸린 사람을 들것에 싣고 그 집을 찾아왔다. 그러나 문을 통해서는 도저히 안으로 들어갈 수 없었다. 그들은 지붕으로 올라가서 그것을 뜯어 구멍을 내고, 그 구멍을 통해 그 환자를 내려보냈다.

　예수님이 그 사람을 보고 말씀하셨다. "내 아들아, 네 죄가 용서받았다."

　이 소리가 바리새인과 유대 지도자들의 귀에 들어갔다. 그들은 예수님이 하나님을 모욕했다고 비난했다. 예수님에게는 죄를 용서할 권한이 없으며, 오직 하나님만이 죄를 용서하실 수 있다고 생각했기 때문이었다.

　예수님은 그들이 무슨 생각을 하고 있는지 알고 계셨다. "왜 너희는 나를 나쁘게 생각하느냐? 너희는 나에게 죄를 용서할 권한이 없다고 생각하느냐? 이 사람의 죄를 용서하는 것과 이 사람을 걷게 하는 것 중 어느 것이 더 쉬운 일이겠느냐? 그러나 지금 나는 내게 죄를 용서하는 능력이 있다는 사실을 너희들에게 알려 주려는 것이다." 예수님은 잠시 말씀을 멈추고 그 중풍병 환자를 돌아보시더니 "일어나 네 들것을 가지고 집으로 가라"고 말씀하셨다. 그러자 환자가 아무 말 없이 벌떡 일어나더니 자기 집으로 걸어가는 것이었다. 이 기적을 본 사람들은 놀라움에 사로잡혀서 하나님을 찬양하며 돌아갔다. "지금까지 이런 일을 본 적이 없어!"

갈대 지붕으로 된 집들

예수님 당시 갈릴리 지방의 집들은 대부분 지붕이 평평했다. 지붕은 나뭇가지로 엮은 후, 그 위에 갈대와 진흙을 섞어서 입혔다. 표면은 밀대로 매끄럽게 만들었다.

병을 고침받은 사람이 들것을 가지고 집으로 걸어가다

하나님을 찬양하며 돌아가는 사람들

하나님을 모욕했다며 예수님을 비난하는 바리새인과 유대 지도자들

백부장의 종

가버나움에서 유대 장로들과
율법학자들을 만나시는 예수님

그들이 백부장의 종이
병에 걸렸다고 말하다

백부장이 대답하여 가로되
"주여, 내 집에 들어오심을
나는 감당치 못하겠사오니
다만 말씀으로만 하옵소서.
그러면 내 하인이 낫겠삽나이다".
(마 8:8)

　오랫동안 온 땅을 두루 다니며 말씀을 전하신 예수님이 가버나움에 돌아왔을 때였다. 유대인 장로들이 예수님께 다가와 심한 병에 걸려 누워 있는 사람에 대해 이야기했다. 그 사람은 로마의 백부장(부하 백 명을 거느릴 권한을 가진 장교)이 매우 아끼는 종이었다. 장로들이 예수님께 말했다. "백부장이 선생님을 자기 집에 모시고 싶다며 우리에게 간곡히 부탁했습니다. 그 백부장은 정말 좋은 사람입니다. 우리에게 회당을 지어 주었고, 우리 백성을 많이 도와 주었습니다."

　예수님이 백부장의 집에 이르렀을 때, 백부장이 예수님을 마중하러 나왔다. "주님, 이런 데까지 와 주시니 감사합니다. 하지만 더 이상 들어오지 마십시오. 저는 주님 앞에 설 만한 사람이 못 되고, 또 주님을 저희 집에 모실 만한 자격도 없습니다. 부하들은 제가 명령만 내리면 복종합니다. 그처럼 주님이 그저 말씀만 하신대도 제 종은 나을 것입니다."

　예수님은 백부장의 말에 놀라서, 따라오던 사람들을 돌아보며 말씀하셨다. "이

백부장에게
종이 나았다고
말씀하시는 예수님

백부장의 종

장로들이 백부장의 종이
나은 것을 보고 놀라다

로마의 군복
백부장은 로마 군대를 책임지
는 사람이었다. 로마 군인들은
행진할 때 편하도록 밑창에 징
을 박은 샌들을 신었다. 또 싸
움에서 휘두르기 쉬운 단검을
지니고 다녔다.

사람을 보아라. 그리고 내가 하는 말을 똑똑히 들어라. 나는 온 이스라엘 사람 가
운데 이렇게 굳건하고 진실한 믿음을 보지 못했다." 그리고 백부장에게 말씀하셨
다. "네 종에게 가 보아라. 그의 병이 나았다."

장로들은 이 말에 놀랐다. 그러나 집에 가서 종이 말끔히 나은 것을 보고는 더
욱더 놀라지 않을 수 없었다.

53

폭풍을 잔잔케 하신 예수님

그 제자들이 나아와 깨우며
가로되 "주여, 구원하소서.
우리가 죽겠나이다".
예수께서 이르시되
"어찌하여 두려워하느냐?
믿음이 적은 자들아!" 하시고
곧 일어나사 바람과 바다를
꾸짖으신대 아주 잔잔하게 되거늘
(마 8:25-26)

어느 날 저녁, 예수님과 제자들이 갈릴리 바다에서 조그마한 고깃배를 타고 있을 때였다. 하루 종일 설교하느라 지친 예수님은 고물에서 베개를 벤 채 잠이 드셨다. 그런데 갑자기 사나운 폭풍이 불어닥쳤다. 하늘은 어두워지고, 바람은 윙윙대며 몰아치고, 집채만한 파도가 작은 배를 덮쳤다.

놀란 제자들은 예수님을 흔들어 깨웠다. "주님, 저희를 구해 주세요! 배가 가라앉아서 전부 빠져 죽게 생겼어요!"

예수님이 말씀하셨다. "왜 무서워하느냐? 너희는 그만한 믿음도 없느냐?" 예수님은 바다 위로 손을 뻗어 바람과 파도를 향해 말씀하셨다. "평안하라. 잔잔하라." 그러자 곧 폭풍우가 사그라지고 바다가 잔잔해졌다.

제자들은 "예수님은 정말 위대한 분이시구나! 바람과 파도마저 복종하다니!" 하고 소리쳤다.

바람과 파도에게
잔잔하라고 명령하시는 예수님

폭풍에 놀란 제자들

54

가다라의 돼지떼

폭풍이 그친 후 예수님과 제자들은 안전하게 해안에 닿았다. 그들이 도착한 곳은 가다라(거라사) 지방이었다. 예수님과 제자들이 육지를 밟았을 때 한 사람이 무섭게 돌진해 왔다. 그는 거의 알몸이었는데, 악한 귀신이 들린 것 같았다. 머리는 길고 눈은 사나웠으며, 짐승 같은 소리로 으르렁거렸다. 사람들이 여러 번 잡아서 사슬로 묶어 놓기도 했지만, 워낙 힘이 세서 번번이 사슬을 끊고 달아났다. 아무도 그 사람을 진정시킬 수가 없었다. 그는 언덕으로 둘러싸인 묘지의 비석들 사이에 살면서 밤낮으로 으르렁거리고 울부짖었으며, 뾰족한 돌로 자기 몸에 상처를 냈다.

예수님이 귀신들에게
그 사람에게서 나와 돼지떼한테
들어가라고 명령하다

예수님을 본 그는 큰 소리로 울부짖었다. "하나님의 아들이여, 원하는 게 뭡니까? 저를 괴롭히려고 온 겁니까?"

예수님이 물으셨다. "네 이름이 무엇이냐?"

그가 대답했다. "제 이름은 '군대'입니다. 귀신의 숫자가 많아서 붙여진 이름이죠."

그 근처에는 2천 마리쯤 되는 돼지떼가 먹이를 먹고 있었다. 예수님은 귀신들에게 그 사람에게서 떠나라고 명령하셨다. "가라! 이 사람을 떠나 저 돼지들 속으로 들어가라!"

그러자 악한 귀신들이 그 사람을 떠나 돼지떼 속으로 들어갔다. 귀신 들린 돼지들은 먹이를 먹다 말고 갑자기 씩씩거리며 벼랑 끝으로 내달려 바다에 뛰어들었다.

돼지떼를 돌보던 사람들은 돼지들이 바다에 뛰어들어 죽는 것을 보고 공포에 휩싸였다. 그들은 마을로 달려가 이 소식을 퍼뜨렸다. 사람들은 자기들 눈으로 직접 보아야겠다며 예수님이 계신 곳으로 몰려들었다. 그들은 미쳤던 사람이 옷을 차려 입고 조용히 앉아 예수님과 이야기하는 것을 보고 무서워하며 예수님에게 마을을 떠나 달라고 간청했다.

귀신
아시리아의 귀신을 빚은 동상. 성경에 따르면, 귀신은 마귀와 함께 하나님과 사람을 대적하는 악령이다. 예수님 당시에는 귀신이 사람에게 들어가 질병과 정신질환을 일으킨다고 믿었다.

예수님이 다시 배에 오르려고 할 때 귀신 들렸던 사람이 쫓아와서 자기도 함께 가게 해 달라고 간청했다. 그러나 예수님은 "아니다. 너는 집으로 돌아가서 친구들에게 하나님이 어떤 일을 하셨으며, 어떻게 너에게 자비를 베푸셨는지 말해 주어라" 하고 말씀하셨다.

야이로의 딸

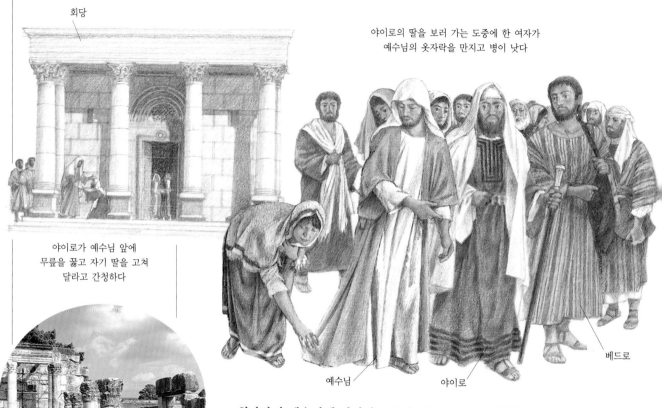

회당

야이로의 딸을 보러 가는 도중에 한 여자가
예수님의 옷자락을 만지고 병이 낫다

야이로가 예수님 앞에
무릎을 꿇고 자기 딸을 고쳐
달라고 간청하다

예수님

야이로

베드로

회당

가버나움에 있는 회당 유적.
회당은 유대인들이 예배드리
는 장소로서, 유대인들이 예루
살렘 성전을 떠나 바빌로니아
에서 포로생활을 하는 기간에
생긴 듯하다. 회당은 종교적
중심지였을 뿐만 아니라 사회
적 구심점이기도 했다.

회당장이 예수님께 나아와 무릎을 꿇고 도움을 간청했다. "제 어린 딸이 죽
어가고 있습니다." 그는 울며 말했다. "제발 제 딸에게 손을 얹어 고쳐 주십시
오!"

예수님이 그 사람과 같이 가고 있을 때 어떤 여자가 사람들 틈을 헤치고 예수
님의 겉옷 자락에 살짝 손을 댔다. 그 여자는 12년 동안 혈루증으로 고생하고 있었
으나, 어떤 의사도 그 병을 고치지 못했다. 그 여자는 자기가 예수님의 옷자락을 만
지기만 해도 나을 거라고 생각했다.

예수님이 걸음을 멈추더니 주위를 둘러보고 "누가 내 옷에 손을 댔느냐?" 하고
물으셨다. 베드로는 예수님의 물음에 어리둥절했다. "주님, 이렇게 사람이 많은데
누가 주님 옷에 손을 댔느냐고 물으십니까?"

그러나 예수님은 몸을 움츠리며 떨고 있는 여자를 똑바로 쳐다보셨다. "내 딸아,
무서워하지 말아라. 하나님을 향한 너의 믿음이 네 병을 낫게 하였다. 평안히 가거
라. 고통에서 벗어나거라." 그 순간 그 여자의 몸이 깨끗해졌다.

예수님이 야이로의 딸이 누워 있는 집에 도착하셨을 때 죽은 자를 애도하는 피리
소리와 통곡 소리가 들려 오고, 슬퍼하는 사람들의 모습이 보였다. 사람들은 예수

님을 원망했다. "여긴 무엇하러 오셨습니까? 아이가 이미 죽었으니 선생님도 이젠 어쩔 수 없습니다."

예수님이 말씀하셨다. "이 아이는 죽은 것이 아니라 자고 있다." 그러나 아무도 이 말을 믿지 않았다. 어떤 사람들은 예수님을 깔보며 비웃기까지 했다. 예수님은 베드로와 야고보와 요한만 데리고 집 안으로 들어가셨다.

예수님은 아이의 부모와 함께 아이의 곁에 가서 부드럽게 그 아이의 손을 잡고 말씀하셨다. "소녀야, 일어나거라!" 그러자 아이가 눈을 뜨더니, 정말로 잠에서 깬 것처럼 자연스럽게 자리에서 일어나 부모에게 안기는 것이었다.

예수님이 아이의 부모에게 말씀하셨다. "이제 아이에게 먹을 것을 주고, 이 방에서 일어난 일을 아무에게도 말하지 말아라."

죽음을 슬퍼하는 음악

예수님 당시의 유대 사람들은 기쁨은 물론 슬픔을 나타낼 때에도 음악을 사용하였다. 갈대 피리는 슬프고 애절한 소리를 내기 때문에 야이로의 딸이 죽었을 때처럼 애도할 때 자주 사용되었다.

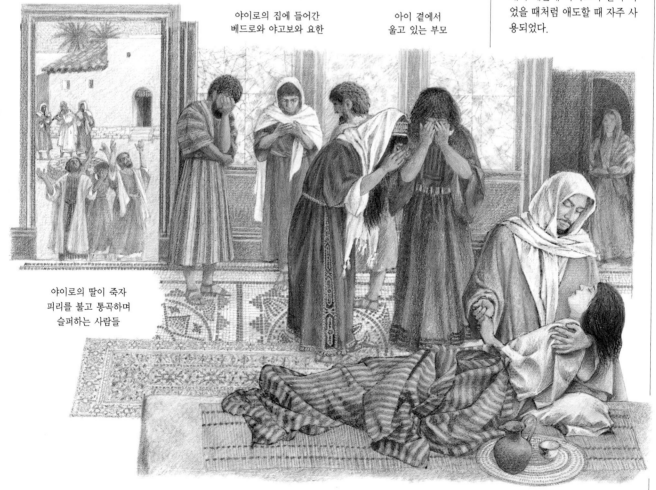

야이로의 집에 들어간
베드로와 야고보와 요한

아이 곁에서
울고 있는 부모

야이로의 딸이 죽자
피리를 불고 통곡하며
슬퍼하는 사람들

예수님이 부드럽게 아이의 손을 잡자 아이가 살아나다

씨 뿌리는 자의 비유

예수님이 가시는 곳마다 많은 사람들이 따라다녔다. 갈릴리 바닷가에서 가르치고 계실 때였는데, 사람들이 너무 많이 밀려오자 예수님은 배에 올라타서 씨 뿌리는 자의 비유를 들려 주셨다.

어떤 사람이 다음 해에 추수하려고 씨를 뿌리고 있었다. 그는 걸어가면서 여기저기에 씨를 한 줌씩 뿌렸다. 어떤 씨들은 평평한 길가에 떨어졌는데, 씨가 떨어지자마자 새들이 날아와 쪼아 먹었다. 이것은 하나님의 말씀을 들어도 금방 잊어버리는 사람과 같다. 그들이 들은 것을 사탄이 잊도록 만드는 것이다.

어떤 씨들은 흙이 적은 곳에 떨어졌다. 금세 싹이 나긴 했지만, 이 곳은 흙이 얕

씨 뿌리는 사람의 가방
씨뿌리는 사람은 흔히 사진과 같은 가방에 씨를 넣고 다니면서, 밭을 오르락내리락하며 길을 따라 씨를 흩뿌렸다. 그래서 예수님의 비유처럼 소득 없는 씨들이 늘 생겼다.

어떤 사람이 씨를 뿌렸는데, 일부는 평평한 길가에 떨어져 새들이 쪼아 먹다

어떤 씨들은 흙이 얕은 곳에 떨어져, 싹이 곧 났지만 햇볕에 타 버리다

아서 뿌리를 깊이 내릴 수 없었다. 결국 씨들은 햇볕에 타서 말라 죽었다. 이 것은 하나님의 말씀을 받아들이지만 깊이 생각하지 않는 사람과 같다. 이런 사람은 어려움을 당할 때 쉽게 낙담하여 믿음을 잃게 된다.

어떤 씨들은 가시덤불에 떨어졌는데, 가시덤불이 무성하게 자라 그 싹들을 덮어 버렸다. 이것은 세상 즐거움에 빠진 사람이나 야망과 재물에 대한 욕심이 마음에 가득 찬 사람과 같다.

그러나 어떤 씨들은 기름진 좋은 땅에 떨어졌다. 이 씨들은 자라서 풍성한 수확을 거두었다. 이것은 하나님의 말씀을 듣고, 기뻐하며 순종하는 사람과 같다. 이들은 그 대가를 넉넉히 받게 될 것이다.

체질
추수가 끝나면 여자들은 곡식을 체질한다. 체의 한 쪽을 잡고 흔들면서 불어 깍지를 제거하는 것이다. 돌멩이들이 한쪽 끝에 모이고 곡식 조각들이 밑으로 떨어지고 나면 체에는 알 곡만 남는다.

여기저기에 씨를 한 줌씩 뿌리는 사람

어떤 씨들은 가시덤불에 떨어졌는데, 가시덤불이 싹을 덮어 버리다

어떤 씨들은 좋은 땅에 떨어져 풍성한 수확을 거두다

세례 요한의 죽음

헤롯 안티파스(헤롯 안디바) 왕이 세례 요한을 감옥에 집어넣었다. 자기가 동생의 아내 헤로디아와 결혼했다고 세례 요한이 건방지게 비난했기 때문이었다. 헤롯 안티파스는 세례 요한을 두려워하기도 했지만 흠모하기도 했다. 그의 아내 헤로디아는 세례 요한을 미워했고, 그를 죽이고 싶어했다. 그러나 헤롯은 세례 요한이 훌륭한 사람이라는 것을 알고 있었기 때문에 그의 지혜로운 말에 자주 귀를 기울였다. 헤롯은 그를 죽이고 싶지 않았다. 그래서 감옥에 갇힌 요한을 잘 돌보게 했다.

헤롯 안티파스가 세례 요한을
감옥에 넣다

헤롯은 자기 생일을 맞아 고관들과 장교들, 또 갈릴리의 모든 대지주들을 초청하여 저녁을 대접했다. 헤로디아의 딸 살로메는 대단히 아리따운 아가씨였는데, 이 연회장에 나와 헤롯 왕과 손님들 앞에서 춤을 추었다. 헤롯은

그리스 춤

탬버린을 흔들며 춤추는 여인을 그린 그리스의 그릇. 예수님 당시 팔레스타인은 로마와 그리스 문화의 영향을 받았다. 그리스에서는 흔히 연회나 축제에 흥을 돋우기 위하여 여자 무용수를 고용했다. 헤로디아의 딸 살로메가 헤롯 안티파스 앞에서 춤출 때에도 사진과 유사한 춤을 추었을 것이다.

헤롯의 생일에 춤을 추는 살로메.
그녀가 원하는 것은 무엇이든지 주겠다고
헤롯이 약속하다

헤로디아

헤롯 왕   살로메

살로메의 춤솜씨에 반해서 "무엇이든지 소원을 말해 보아라. 네가 원한다면 이 왕국의 절반이라도 주마"고 약속했다.

살로메는 자기 어머니에게 가서 물었다. "무엇을 달라고 할까요?"

헤로디아는 이제야말로 복수할 수 있는 좋은 기회가 왔다고 생각했다.

"요한의 머리를 베어 쟁반에 담아 오라고 부탁하렴."

살로메의 부탁을 들은 헤롯 왕은 간담이 서늘해졌다. 그러나 모두가 보는 앞에서 약속했기 때문에 그 부탁을 들어 줄 수밖에 없었다.

곧 명령이 떨어졌고, 세례 요한은 갇혀 있던 감방에서 처형당했다. 얼마 후 피가 흐르는 요한의 머리가 은쟁반에 담긴 채 연회장에 있는 살로메의 발 앞에 놓였다. 살로메는 아무 말 없이 쟁반을 집어들어 어머니에게 가져다 주었다.

마침 헤롯의 생일을 당하여 헤로디아의 딸이 연석 가운데서 춤을 추어 헤롯을 기쁘게 하니, 헤롯이 맹세로 그에게 무엇이든지 달라는 대로 주겠다 허락하거늘
(마 14:6-7)

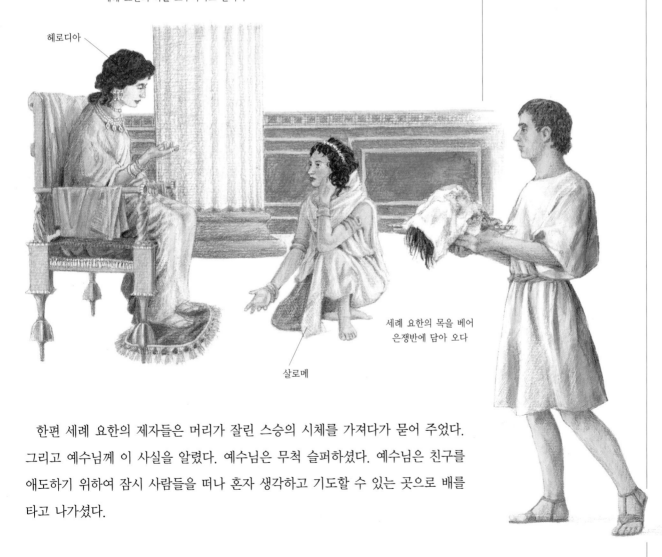

헤로디아가 살로메에게
세례 요한의 목을 요구하라고 말하다

헤로디아

세례 요한의 목을 베어
은쟁반에 담아 오다

살로메

한편 세례 요한의 제자들은 머리가 잘린 스승의 시체를 가져다가 묻어 주었다. 그리고 예수님께 이 사실을 알렸다. 예수님은 무척 슬퍼하셨다. 예수님은 친구를 애도하기 위하여 잠시 사람들을 떠나 혼자 생각하고 기도할 수 있는 곳으로 배를 타고 나가셨다.

오천 명을 먹이신 예수님

예수님과 제자들이 배를 타고
갈릴리 바다 건너편으로 가시다

예수께서 떡 다섯 개와
물고기 두 마리를 가지사
하늘을 우러러 축사하시고
떼어 제자들에게 주어
무리 앞에 놓게 하시니
먹고 다 배불렀더라.
그 남은 조각 열두 바구니를
거두나라.

(눅 9:16-17)

떡과 물고기
사람들은 누룩을 넣지 않고 만
든 보리떡을 먹었다. 보리는
팔레스타인에서 흔한 곡식으
로서 척박한 땅에서도 잘 자란
다. 물고기는 상하지 않게 소
금에 절였을 것이다.

예수님은 사람들을 떠나 잠시 시간을 보내고 싶으셨다. 그래서 열두 제자들과 함께 배를 타고 갈릴리 바다 건너편 벳새다 근처의 조용한 곳으로 가셨다.

그러나 예수님이 어디에 가셨는지 금세 소문이 나서 수천 명의 사람들이 도시 곳곳에서 몰려 나와 예수님을 만나려고 찾아왔다. 예수님은 사람들이 그토록 열망하는 것을 보고 그들을 불쌍히 여기셨다. 예수님은 사람들 사이를 지나다니며 이야기하고, 질문에 대답하고, 아픈 사람들을 고쳐 주셨다.

저녁이 가까워지자 제자들이 말했다. "이제 사람들을 보내야겠습니다. 선생님도 지치셨으니 쉬셔야 하구요. 사람들에게는 각자 알아서 식사를 해결하라고 하시지요."

"아니다." 예수님이 대답하셨다. "그들을 보낼 필요 없이 너희가 여기에서 먹을 것을 주어라."

"그렇지만 5천 명도 넘는 걸요!" 하고 제자들이 외쳤다.

시몬의 동생 안드레가 말했다. "이 아이가 보리떡 다섯 개와 작은 물고기 두 마리를 가지고 있습니다. 그렇지만 저 많은 사람들에게 조금씩 나누어 준들 무슨 소용이 있겠습니까?"

예수님은 모든 사람들을 풀밭에 앉히게 했다. 그리고 그 아이의 떡과 물고기를 가지고 감사 기도를 드렸다. 예수님은 제자들에게 남녀노소 할 것 없이 이 곳에 있는 모든 사람들에게 음식을 나누어 주라고 말씀하셨다. 제자들은 예수님이 시키는 대로 했다. 그런데 음식이 모든 사람들에게 충분히 돌아갈 뿐만 아니라 다 나누고 남은 음식이 열두 광주리에 가득했다. 이것을 본 제자들은 크게 놀랐다.

오천 명을 먹이신 예수님

소년이 떡 다섯 개와 물고기 두 마리를 담은
광주리를 들고 예수님께 오다

모든 사람들에게
음식을 나누어 주는 제자들

열두 광주리에 가득히
음식이 남다

물 위를 걸으신 예수님

　　예수님은 말씀을 들으러 온 사람들을 돌려보내는 동안 먼저 배를 타고 갈릴리 바다를 건너가라고 제자들에게 말씀하셨다. 모든 사람들이 다 돌아간 후 예수님은 기도하기 위해 산으로 올라가셨다.

　　그 날 저녁에 바람이 심하게 불기 시작했다. 제자들을 태운 배가 이리저리 요동치고, 파도가 뱃전을 때렸다. 제자들이 노를 젓느라 발버둥칠수록 작은 배는 더 빨리 항로에서 벗어났다. 예수님은 제자들이 어려움에 처한 것을 아시고, 물 위를 걸어서 그들에게 다가가셨다. 제자들은 어둠 속에서 예수님이 다가오시는 것을 보고, 유령인 줄 알고 무서워 소리를 질렀다.

　　"나다. 무서워하지 말아라." 예수님이 말씀하셨다.

　　베드로가 말했다. "주님, 만약 당신이라면, 저도 물 위를 걸어 주님께 가게 해 주

산에 올라가서
혼자 기도하시는 예수님

갈릴리 바다

갈릴리 바다는 길이 21km, 폭 13km의 커다란 담수호로서 요단 강에서 흘러 들어온다. 갈릴리 바다는 갑작스럽게 일어나는 거친 바람과 심한 폭풍우로 유명하다. 예수님이 갈릴리 바다 위로 걸으시고, 폭풍우를 잔잔케 하신 것은 자연을 다스리는 그의 힘을 보여 준다.

제자들이 탄 배가 파도에 이리저리 요동하며 시달리다

십시오."

"이리로 오너라."

베드로는 뱃전을 건너 뛰어 물 위로 몇 발자국 걸어갔다. 그러나 소용돌이치는 파도를 본 순간 덜컥 겁이 났다. 베드로는 물에 빠져들기 시작했다. "살려 주세요, 주님!" 베드로가 소리쳤다.

예수님이 손을 내밀어 베드로를 붙잡으셨다. "왜 믿지 못하였느냐?" 예수님이 베드로를 데리고 배에 올라타셨다. 그 즉시 바람이 그치고, 물결도 잔잔해졌다. 제자들은 두려움이 가득한 목소리로 말했다. "주님은 정말 하나님의 아들이십니다."

예수께서 즉시 손을 내밀어
저를 붙잡으시며 가라사대
"믿음이 적은 자여,
왜 의심하였느냐?" 하시고
(마 14:31)

제자들이 탄 배가 항로를 벗어나다

예수님을 향해
물 위를 걷다가
빠져드는 베드로

물 위를 걸으시던
예수님이 베드로를
구하려고 손을 뻗치다

선한 사마리아인

무법천지
예루살렘에서 여리고로 가는 길을 혼자서 여행하는 사람은 영락없이 산적들의 먹이감이 되었다. 한적한 이 길은 가파를 뿐 아니라 바위가 많은 사막을 꼬불꼬불 통과하고 있기 때문에 강도들이 숨어 있기 좋은 곳이었다.

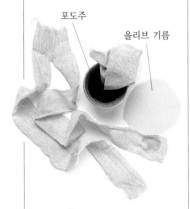

포도주

올리브 기름

구급약
사마리아 사람은 강도 만난 사람의 상처에 포도주와 기름을 발랐다. 그는 먼저 포도주로 소독을 하고, 올리브 기름을 발라 상처를 가라앉힌 후 붕대를 감았을 것이다.

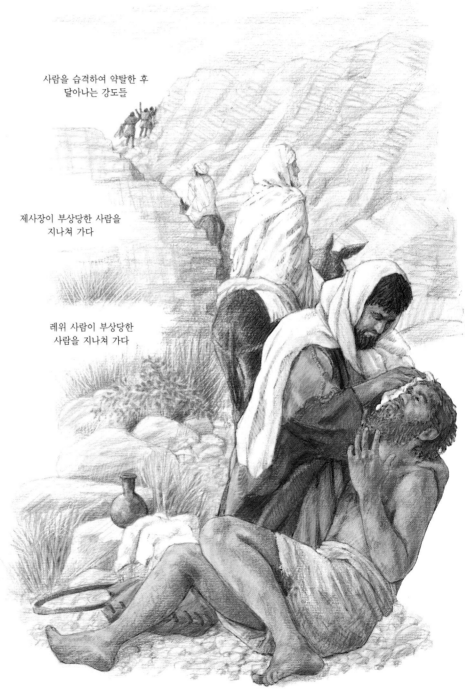

사람을 습격하여 약탈한 후 달아나는 강도들

제사장이 부상당한 사람을 지나쳐 가다

레위 사람이 부상당한 사람을 지나쳐 가다

사마리아인이 다가와 상처를 치료해 주다

어느 날 율법교사가 예수님의 약점을 끄집어 내려고 질문을 했다. "제가 어떻게 해야 영생을 얻을 수 있겠습니까?"

예수님이 되물으셨다. "네가 알고 있는 율법에서는 어떻게 말하고 있느냐?"

"네 마음을 다하여 하나님을 사랑하고, 이웃을 네 몸처럼 사랑하라고 하였습니다."

"바로 그것이다." 예수님이 말씀하셨다.

"그러면 누가 제 이웃입니까?"

예수님은 대답 대신 다음과 같은 이야기를 들려 주셨다.

어떤 사람이 예루살렘에서 여리고로 내려가고 있었다. 그런데 가는 도중에 강도들을 만나 옷을 빼앗기고, 걷어 채이고, 두들겨 맞아서 초주검이 된 채 길가에 버려졌다. 얼마 안 있어 제사장이 그 길을 지나가다가 부상당한 사람을 보더니 다른 편으로 피해 갔다. 다음에는 성전에서 제사장을 돕는 레위 사람이 지나가게 되었다. 그도 역시 힐끗 쳐다보기만 하고 길 저편으로 지나쳐 갔다.

세 번째로 그 길을 지나간 사람은 사마리아인이었다. 그는 반쯤 의식을 잃고 피투성이가 되어 있는 사람을 보고 불쌍한 생각이 들었다. 그래서 그에게 다가가 기름과 포도주로 상처를 닦아 내고 붕대를 감아 주었다. 그리고 자기의 당나귀에 그를 태운 다음 가장 가까운 여관으로 데리고 갔다. 사마리아인은 강도 만난 사람을 거기서 밤새 간호해 주었다. 다음 날 아침, 그는 떠나기 전에 여관 주인에게 돈을 주면서 환자가 원하는 것은 무엇이든 주라고 했다. "만약 돈이 더 들면 다음 번 지나는 길에 갚겠소."

"자, 이 세 사람 가운데 누가 참된 이웃이냐?" 예수님이 율법교사에게 물으셨다.

"사마리아인입니다."

"맞다. 이 이야기를 기억하고 너도 선한 사마리아인처럼 다른 사람들을 대하도록 하여라."

사마리아인

사마리아의 제사장. 사마리아인은 토라(모세 오경)만을 하나님의 말씀으로 받아들인다. 예수님 당시에 사마리아인들은 팔레스타인 중심부에 위치한 사마리아에서 살았다. 이들 대부분은, 팔레스타인 지역이 기원전 722년 아시리아에 점령당한 후 이스라엘에 정착한 사람들의 후손이었다. 사마리아인들과 유대인들은 서로 원수처럼 지냈다. 예수님은 비유에 사마리아인을 등장시킴으로써, 자기를 따르는 사람들은 모든 이들의 친구가 되어야 한다고 가르치셨다.

여관 주인에게 돈을 주면서 환자를 돌보아 달라고 부탁하는 사마리아인

변화하신 예수님

예수님이 베드로에게 하나님
나라의 열쇠를 주겠다고
말씀하시다

지도자 베드로
베드로를 표현한 이탈리아 라
벤나의 모자이크. 베드로라는
이름의 뜻은 '반석'이다.

가이사랴 필리피(빌립보) 지방에 이르렀을 때 예수님이 제자들에게 물으셨다. "사람들이 나를 누구라고 하느냐?"

"어떤 사람들은 세례 요한이라고 말하고, 또 어떤 사람들은 예레미야나 엘리야 같은 예언자들 가운데 한 사람이라고 합니다." 제자들이 대답했다.

"너희들은 나를 누구라고 하느냐?"

베드로가 대답했다. "주님은 그리스도시요, 하나님의 아들이십니다."

"하나님께서 네게 이것을 알려 주셨으니 너는 복이 있다. 너는 베드로('반석'이라는 뜻)니 내가 이 반석 위에 내 교회를 세우겠다. 또 하늘나라의 열쇠를 너에게 주겠다."

그리고 나서 예수님은 자기의 정체를 아무에게도 말하지 말라고 제자들에게 당부하셨다. "내가 예루살렘에 가서 대제사장들과 율법학자들의 손에 고난을 당할 때가 곧 올 것이다. 나는 재판을 받고, 모욕을 당하고, 처형당할 것이다. 그러나 죽은 지 사흘 만에 다시 살아날 것이다."

그 때 베드로가 소리쳤다. "안 됩니다! 절대로 그런 일이 일어나서는 안 됩니다!"

"하나님의 뜻을 가로막지 말아라. 너는 하나님의 뜻은 생각하지 않고, 너 자신의 뜻만 생각하고 있구나!"

그리고 나서 예수님은 제자들에게 말씀하셨다. "나를 따라오려는 사람은 나를 위하여 모든 편안함과 이 땅의 부귀를 버려야 한다. 그들은 하늘에서 받을 상이 클 것이다. 만약 사람이 엄청난 재산을 가졌다고 하더라도 자기 영혼과 영원한 행복의 기회를 잃는다면 무슨 소용이 있겠느냐?"

한 주 후에 예수님은 베드로와 야고보와 그의 형 요한을 데리고 높은 산으로 기도하러 올라가셨다. 세 사람은 갑자기 예수님의 모습이 변하는 것을 보았다. 예수님의 얼굴은 해처럼 빛났고, 그의 옷은 가장 깨끗한 눈보다 더 하얘졌다. 또 모세와 엘리야가 나타나 예수님과 이야기를 나누었다. 제자들은 무서워했고, 베드로는 어쩔 줄 몰라 하며 말했다. "주님, 우리가 여기서 함께 산다면 얼마나 좋겠습니까? 천막을 세 개 세워서 하나에는 주님을, 또 하나에는 모세를, 나머지 하나에는 엘리야를 모시겠습니다."

그러자 밝은 구름이 하늘을 덮더니 하나님의 음성이 들렸다. "이 사람은 내가 기뻐하는 내 아들이다. 그의 말을 들어라."

제자들은 무서워서 눈을 가리고 땅에 엎드렸다. 예수님이 그들에게 다가와 한 사람씩 어깨를 어루만지며 말씀하셨다. "무서워하지 말아라." 그들은 조심스럽게 고개를 들었다. 그들 앞에는 예수님 한 분밖에 보이지 않았다.

산을 내려오면서 예수님이 말씀하셨다. "내가 죽었다가 다시 살아날 때까지는 너희가 본 것을 아무에게도 말하지 말아라."

예수님의 모습이 변하고, 그 옆에 모세와 엘리야가 나타나다

엘리야

모세

거룩한 산

가이사랴 필리피(빌립보) 근처에 있는 헬몬 산은 '거룩한 산'이라는 뜻인데, 예수님의 모습이 변화된 곳으로 알려져 있다. 눈 덮인 정상의 높이는 2,700m가 넘는다. 예수님의 모습이 변화되었을 때 하나님의 영광이 그를 통해 빛났고, 예수님은 하나님의 아들로 계시되었다. 예수님 옆에 있던 모세는 율법서를 상징하고, 엘리야는 예언서를 상징한다. 이것은 예수님이 율법서와 예언서를 완성하셨음을 보여 준다.

홀연히 빛난 구름이 저희를 덮으며 구름 속에서 소리가 나서 가로되 "이는 내 사랑하는 아들이요 내 기뻐하는 자니, 너희는 저의 말을 들으라" 하는지라.

(마 17:5)

요한

야고보

베드로

무서워서 얼굴을 가리고 있는 베드로와 야고보와 요한

마리아, 마르다, 나사로

집안 일

예수님 당시 마르다와 같은 여자들은 집에서 할 일이 많았다. 떡을 만들고 식사를 준비하는 일도 그들의 몫이었다. 여자들은 새벽에 일어나 떡 만드는 일을 시작한다. 밀가루에 물과 소금을 섞은 후 반죽하여 덩어리를 만드는데, 가끔은 덩어리를 부풀게 하려고 효모(이스트)를 넣기도 한다. 밀가루 반죽 덩어리는 둥그렇게 밀어서 굽는다. 떡을 굽는 방법 가운데는 돌받침 위에 놓인 뜨거운 쇠철판에 밀가루 반죽을 편 후 불을 지피는 방법이 있다.

예수님이 예루살렘에서 멀지 않은 베다니 마을에 도착했을 때, 그 곳에 사는 마리아와 마르다 자매의 집에 초대를 받았다. 마리아가 예수님의 발치에 앉아서 말씀을 듣는 동안 마르다는 분주하게 음식을 준비했다. 마르다는 아무것도 도와 주지 않는 동생에게 화가 나기 시작했다. "주님, 제가 일을 하는 동안 마리아가 주님 발치에만 앉아 있는 것은 옳지 않아요."

예수님이 부드럽게 말씀하셨다. "아니다. 오히려 마리아가 지혜로운 것이다. 마리아처럼 내 말을 듣는 것이 집안 일로 염려하는 것보다 더 중요하다."

이 두 자매에게는 나사로라는 오빠가 있었는데, 예수님이 그 마을을 떠난 지 얼마 후에 심한 병이 들었다. 마리아와 마르다는 예수님께 전갈을 보내서 오빠의 목숨을 구해 달라고 간청했다.

예수님이 제자들과 이야기를 나누고 계실 때 그 소식이 도착했다. 그런데 예수님은 "나사로는 잠을 자고 있다. 내가 가서 깨워 주겠다" 하시고도 그 곳에서 며칠을 더 보내고 나서야 베다니로 가셨다.

예수님이 그 자매의 집 가까이에 이르렀을 때, 마르다가 눈물을 흘리며 예수님을 맞으러 나왔다. "주님이 여기에 계시기만 했더라도 오빠가 죽지 않았을 텐데!"

"네 오빠는 죽음을 딛고 일어나게 될 것이다. 내가 전에 죽은 사람의 부활에 대해 가르쳐 준 것을 믿어라."

주께서 대답하여 가라사대 "마르다야, 마르다야. 네가 많은 일로 염려하고 근심하나 그러나 몇 가지만 하든지 혹 한 가지만이라도 족하니라. 마리아는 이 좋은 편을 택하였으니 빼앗기지 아니하리라" 하시니라.

(눅 10:41-42)

음식을 준비하느라 분주한 마르다

예수님이 마르다에게 일을 걱정하지 말고 마리아처럼 말씀을 들으라고 하시다

마리아, 마르다, 나사로

마르다가
오빠 나사로가 죽은 것을
예수님에게 알리다

마리아 역시 미어지는 가슴을 안고 울며 나와 예수님을 맞았다. 예수님은 마리아가 몹시 슬퍼하는 것을 보고 불쌍히 여기셨다. "나사로를 어디에 두었느냐?" 예수님이 물으셨다. 마리아는 애도하는 친척들과 함께 예수님을 동굴 안에 있는 무덤으로 모시고 갔다. 동굴 입구는 큰 돌로 막혀 있었다.

"저 돌을 치워라." 예수님이 말씀하셨다. 사람들은 끙끙거리며 돌을 한 쪽으로 굴려 놓았다.

"나사로야, 일어나라!" 예수님이 말씀하시자 놀랍게도 나사로가 머리와 온 몸에 하얀 아마포를 두른 채 동굴 밖으로 걸어 나오는 것이 아닌가! 예수님이 '잠에서 살며시 깨어나듯 다시 살아날 것이다' 라고 말씀하신 그대로 되었다.

알로에

아마포

몰약

장사(葬事)

날씨가 뜨겁기 때문에 장사는 대개 죽은 그 날에 치렀다. 먼저 시체를 씻어서 아마포로 쌌다. 또 정사각형의 아마포로 얼굴을 감쌌다. 알로에와 몰약은 흔히 아마포의 주름 사이에 놓았다. 몰약은 나무껍질에서 추출한 향기로운 고무로서 값비싼 물건이었다. 알로에는 알로에 식물에서 추출한 쓴 즙이다.

예수님의 명령에 나사로가
동굴 밖으로 걸어 나오다

잃었다가 찾은 것

많은 사람들이 예수님의 말씀을 들으려고 주위에 몰려들었다. 그들 가운데는 유대 율법을 고집하며 엄격히 지키는 바리새인들도 있었다. 그들은 세리나 범법자들이 예수님 주변에 모이는 것을 보고 충격을 받았다. 그들은 서로 예수님을 비방하며 말했다. "이 사람은 죄인들과 함께 식사를 한다."

그러나 예수님은 모든 사람을 환영했다. 예수님은 버림받은 사람들과 자기를 필요로 하는 모든 이들을 돌보기 위해 왔다고 말씀하셨다. 예수님은 하나님을 목자에 비유한 이야기를 하나 들려 주셨다.

어떤 선한 목자가 백 마리의 양떼를 기르고 있었다. 그런데 그 중 한 마리가 없어진 것을 알았다. 목자는 나머지 양 아흔아홉 마리를 놔 두고 잃은 양을 찾아 산비탈을 헤맸다. 마침내 잃었던 양을 찾자 목자는 기쁨으로 가득 차서 집으로 돌아왔다. 우리 안에 안전하게 있는 나머지 양보다 잃어버렸던 양 한 마리가 다시 돌아오게 된 것이 훨씬 더 기뻤던 것이다.

"아무리 비천한 사람이라도 단 한 명도 잃지 않는 것이 하나님 아버지의 뜻이다."

백 마리 양 가운데
한 마리를 잃어버린 목자

선한 목자
구약성경은 하나님께서 이스라엘 사람들을 살피시는 모습을 목자가 그의 양을 돌보는 것으로 종종 비유한다. 신약에서 예수님은 자신이 양들을 돌보는 선한 목자로서 마침내 양들을 위해 죽을 것이라고 말씀하셨다.

목자가 잃어버린 양을
광야에서 찾다

잃었다가 찾은 것

잃어버린 동전을 찾기 위해
집 안을 쓰는 여인

비
여자는 집 안의 먼지와 쓰레기
를 없애기 위해 정기적으로 집
안 바닥을 청소했다. 손잡이가
짧고 간단한 싸리비를 사용했
기 때문에 등을 구부려야 했
다.

동전을 찾은 여인이
친구들을 불러 함께
기뻐하다

예수님은 한 사람 한 사람이 하나님께 얼마나 소중한가를 보여 주는 또
다른 이야기를 들려 주셨다.

은화 열 개를 가진 여자가 있었다. 그런데 그 중 하나가 없어진 것을 알
게 되었다. 그녀는 찾을 때까지 등잔을 켜 들고 온 집 안을 뒤지며 다녔
다. 그러다가 마침내 잃었던 동전을 찾자 친구들과 이웃들을 불러 기쁨을
함께 나누었다. 그녀는 "이것 보세요. 잃었던 동전을 다시 찾게 되어 얼마
나 기쁜지 모르겠어요" 하고 말했다.

"이와 마찬가지로 한 사람이 악한 행실을 돌이키면, 하늘의 천사들이 크
게 기뻐할 것이다."

방탕한 아들

예수님이 들려 주신 세 번째 이야기는 방탕한 아들에 대한 것이었다. 어떤 부자 농부에게 아들이 두 명 있었다. 어느 날 작은아들이 아버지에게 말했다. "아버지, 제 몫으로 돌아올 재산을 지금 나눠 주십시오." 아버지가 승낙하자, 작은아들은 자기 몫의 재산을 가지고 집을 떠나 먼 나라에 정착했다. 그는 그 곳에서 왕자 처럼 살면서 노름과 비싼 옷과 보석을 사는 데 돈을 허비 했다. 밤이면 밤마다 친구들을 불러 춤추는 여자들과 어울려 놀고, 가장 비싼 포도주를 대접했다.

결국 작은아들은 가지고 있던 돈을 다 써 버려 가난뱅이가 되었고, 마침 그 곳에 흉년까지 겹 쳤다. 친구들은 그를 떠나갔고, 가지고 있던 물건들은 빚을 갚느라 모두 팔아 버렸다. 거리를 떠돌며 음식을 구걸하려고 했지만 만나는 사람마다 그를 외면했다. 마침내 작은아들은 어떤 농부의 집에 일꾼으로 들어가게 되었다. 농부는 그를 밭으로 내보내 돼지를 치게 했다. 그는 너무 나 배가 고픈 나머지 돼지들에게 먹일 쥐엄 열매라도 먹어서 배를 채 우고 싶은 마음이 간절했다.

집을 떠난 작은아들이
돼지를 치는 신세로 전락하다

쥐엄 열매
돼지들은 캐럽(콩과 교목)이나 로커스트(콩과 교목)에서 나는 열매를 먹었을 것이다. 이 열 매는 검고 단 즙으로 가득 차 있다.

돼지
중동에서 키우는 집돼지는 멧 돼지를 길들인 것이다. 유대 사람들에게 돼지는 탐욕과 더 러움의 상징이자 부정한 짐승 이었다.

그는 절망에 빠져서 혼자 중 얼거렸다. '아버지께는 일 꾼이 많지만 그들은 모두 잘 입고 잘 먹는데, 아들 인 나는 여기서 돈 한 푼 없 이 굶고 있구나! 지금이라도 아버지께 돌아가서 용서를 빌어야겠다. 어쩌면 품꾼 으로 삼아 주실지도 몰라.'

작은아들이 돌아오는 것을 그의 아버지가 먼발치서 보았다. 아버지는 뛸 듯이 기뻐하며 아들을 맞으러 달려나가, 목을 껴안고 입을 맞추었다.

"아버지, 저는 하나님과 아버지께 죄를 지었습니다. 아버지의 아들이라고 불릴 자 격이 없어요." 그러나 그의 아버지는 더 이상 말하지 못하게 하고, 가장 좋은 옷을 가져다 작은아들에게 입히라고 종들에게 말했다. "내 아들에게 반지를 끼우고, 좋

집으로 돌아온 작은아들을
기쁘게 껴안는 아버지

은 신을 신겨라. 살진 송아지도 잡아서 오늘 밤에 잔치를 벌여 보자. 죽었다고 생각했던 내 아들이 살아서 돌아오다니!"

그 날 저녁, 들에서 일을 마치고 돌아온 큰아들은 음악 소리와 춤추는 사람들을 보고 깜짝 놀랐다. "도대체 이게 무슨 소리냐?" 그가 종에게 물었다.

"아우님이 집으로 돌아오셨습니다. 그래서 주인 어른께서 축하 잔치를 벌이고 계십니다."

큰아들은 화가 치밀어 집으로 들어가려고 하지 않았다. 잠시 후 아버지가 큰아들을 찾아 밖으로 나왔다. "아버지, 어쩌면 저를 이렇게 대하실 수 있습니까? 지금까지 저는 열심히 일을 했지만 아버지는 아무것도 해 주지 않으셨습니다. 그런데 자기가 받은 유산을 가지고 집을 떠났다가 탕진하고 돌아온 동생한테는 살진 송아지를 잡아 주시다니요?"

"내 아들아, 너는 내게 참으로 소중한 존재다. 나에게 속한 모든 것이 다 네 것이 아니냐? 그런데 네 아우는 잃어버렸다가 다시 찾았으니, 그가 돌아온 것을 축하하는 것이 마땅하지 않느냐?"

하나님께서도 이처럼 그를 떠났던 사람이 돌아올 때 기꺼이 용서하시며, 이 비유에 나타난 아버지처럼 그들이 돌아온 것을 크게 기뻐하실 것이다.

추수
작은아들이 빈손으로 돌아왔을 때 큰아들은 추수를 돕고 있었을 것이다. 바쁜 추수 때가 되면 온 가족이 곡식 거두는 일을 도왔다. 일꾼들은 한 손으로 곡식 줄기를 잡고 사진과 같은 낫으로 곡식의 이삭 부분을 잘랐다. 그리고 줄기를 묶어 단을 만든 후 타작하기 위해 마차로 실어 날랐다.

작은아들이 돌아온 것을 축하하는 잔치를 벌이다

아버지에게 받은 게 아무것도 없다며 화를 내는 큰아들

자기에게 속한 모든 것이 큰아들 몫이라고 말하는 아버지

"이 네 동생은 죽었다가 살았으며 내가 잃었다가 얻었기로 우리가 즐거워하고 기뻐하는 것이 마땅하다" 하니라.
(눅 15:32)

용서할 줄 모르는 종

종이 왕 앞에 무릎을 꿇고 빚을
갚을 수 있도록 말미를 달라고 빌다

그 때에 베드로가 나아와 가로되
"주여, 형제가 내게 죄를 범하면
몇 번이나 용서하여 주리이까?
일곱 번까지 하오리이까?"
예수께서 가라사대 "네게
이르노니 일곱 번뿐 아니라
일흔 번씩 일곱 번이라도
할지니라".
(마 18:21-22)

베드로가 예수님께 물었다. "주님, 저에게 잘못한 사람을 몇 번이나 용서해 주어야 합니까? 일곱 번 용서하면 될까요?"

그러나 예수님은 "일곱 번이 아니라, 일흔 번씩 일곱 번이라도 용서하여라. 용서에는 끝이 없다"고 말씀하셨다. 그리고 나서 한 이야기를 통해 이 말이 무슨 뜻인지 제자들에게 가르쳐 주셨다.

마음씨 착한 왕이 살고 있었다. 그는 종종 자기 종들에게 많은 돈을 빌려 주곤 했다.

왕이 장부를 계산하는 날이 되었다. 그런데 왕에게 진 빚이 너무 많아서 도저히 갚을 수 없는 종이 있었다. 왕이 그를 불렀다. "네가 빚을 갚을 수 없다면 너의 전 재산을 처분하고, 또 너와 네 아내와 자식들을 노예로 팔아서 갚도록 하여라."

종이 무릎을 꿇고 빌었다. "주인님, 저를 불쌍히 여겨 주십시오! 시간을 주신다면 돈을 모아서 모든 빚을 다 갚겠습니다!"

왕은 종이 낙담하는 것을 보고 불쌍한 생각이 들었다. 왕은 그를 일으켜 세우면서 빚을 모두 탕감해 줄 테니 자유롭게 가라고 말했다.

얼마 후에 그 종은 자기에게 얼마 되지 않은 돈을 빚진 친구를 만났다. 그는 친구의 멱살을 잡고 "지금 당장 나한테 빌려 간 돈을 내놔!" 하고 다그쳤다. 그 친구는 무릎을 꿇고 한 번만 봐달라고 간청했다.

"지금 당장 어떻게 갚겠나? 제발 좀 봐주게! 시간을 주면 돈을

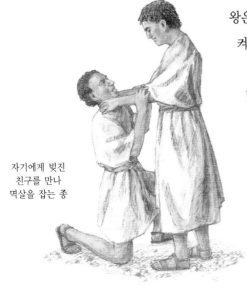

자기에게 빚진
친구를 만나
멱살을 잡는 종

얼마 안 되는 빚을
갚으라고 친구를
다그치다

모으도록 하겠네. 내 약속하지!"

그러나 그 종은 친구를 딱하게 여기기는커녕 그가 빚을 다 갚을 때까지 감옥에 가두어 버렸다.

이것을 본 다른 종들은 어이가 없었다. 그들은 주인에게 가서 용서할 줄 모르는 종의 행실을 알렸다.

왕은 즉시 그 못된 종을 끌고 오라고 명령했다. "네가 자비를 구할 때 내가 자비를 베풀었거늘, 너보다 훨씬 적게 빚진 네 친구를 용서하지 않다니! 너도 벌을 받아 마땅하다!"

화가 난 왕은 비정한 종을 데려가 감옥에 가두라고 명령했다.

"이와 마찬가지로 너희에게 잘못한 사람을 진심으로 용서하지 않는다면 하늘에 계신 아버지께서도 너희를 용서하지 않으실 것이다" 하고 예수님이 말씀하셨다.

종
양념을 갈고 있는 종을 표현한 기원후 200년경 로마의 조각품. 예수님 당시에 종은 노예나 고용된 일꾼을 일컫는 말이었다. 고용된 일꾼은 일당을 받았으며, 원하면 떠날 수도 있었다.

용서할 줄 모르는 종을 감옥에 가두라고 왕이 명령하다

부자와 나사로

날마다 잔치를 벌이는 부자

나사로가 부자의 식탁에서
떨어지는 부스러기라도
먹으려고 애태우다

개들이 나사로의 상처를 핥다

아브라함이 가로되
"얘, 너는 살았을 때에
네 좋은 것을 받았고
나사로는 고난을 받았으니
이것을 기억하라. 이제 저는
여기서 위로를 받고
너는 고민을 받느니라".
(눅 16:25)

예수님은 하나님의 심판에 대해 경고하는 이야기를 들려 주셨다.

옛날에 최고급 비단과 아마포로 만든 옷을 입고 사는 부자가 있었다. 그는 날마다 진기한 요리와 최고급 포도주로 잔치를 베풀었다. 그런데 그의 집 앞에는 나사로라는 불쌍한 거지가 있었다. 그는 야위고 허약했을 뿐 아니라 부스럼투성이어서, 들개들이 와서 그 부스럼을 핥곤 했다. 나사로는 부자의 식탁에서 떨어지는 부스러기라도 먹고 싶어 애를 태웠다.

어느덧 나사로는 죽어서 천사들을 따라 천국에 이르렀다. 곧 이어 부자도 죽었는데, 그는 지옥에 떨어져서 고통을 겪었다. 부자가 위를 쳐다보니 천국에 있는 나사로가 보였다. 부자는 그의 조상 아브라함에게 소리쳤다. "저 좀 도와 주세요! 제 몸이 지금 불에 타들어 가고 있습니다. 나사로의 손가락에 물을 찍어서 제게 보내 혀를 시원하게 해 주세요!"

아브라함이 대답했다. "안 된다. 나사로는 너에게 갈 수가 없다. 땅에서 살 때 나사로는 아무것도 가지지 못했지만, 너는 온갖 부귀를 누리며 살았다. 이제 나사로는 행복을 누리며 살고, 너는 고통스러운 형벌을 받는 것이 마땅하다."

"그렇다면 나사로를 보내서 땅에 있는 다섯 형제들에게 미리 경고하게 해 주십시오. 죽었던 사람이 살아나서 하는 말이라면 형제들도 믿고 회개할 것입니다."

아브라함이 대답했다. "그들에게는 그들을 인도할 예언자의 말이 있다. 그들이 예언자의 말을 듣지 않는다면, 죽었던 사람이 다시 돌아간다고 해도 듣지 않을 것이다."

세리와 바리새인

기도할 때 걸치는 숄 성구함

예수님은 다음과 같은 이야기를 들려 주시며, 자신을 속이지 않고 남을 멸시하지 않는 것이 얼마나 중요한가를 가르쳐 주셨다.

두 사람이 기도하러 성전에 올라갔다. 한 사람은 바리새인이었고, 다른 한 사람은 세리였다. 바리새인은 성전 한가운데 서서 하나님을 향해 큰 소리로 자신있게 말하였다. "주님, 제가 다른 사람보다 월등히 나은 것을 감사드립니다. 또 부정한 일이나 부패한 일을 하지 않았으니 감사드립니다. 그리고 저 보잘것없는 세리 녀석에 비해 모든 면에서 뛰어난 것을 감사드립니다!"

반면에 세리는 겸손하게 구석에 서서 기도를 드렸다. 그는 감히 눈을 들어 하늘을 올려다볼 엄두조차 내지 못한 채 고개를 떨구고 나즈막하게 속삭였다. "오 주님, 저는 죄인입니다. 저를 불쌍히 여겨 주십시오."

예수님이 말씀하셨다. "죄를 용서받고 집으로 돌아간 사람은 세리였다. 자기가 남보다 낫다고 생각하는 사람은 낮아질 것이고, 자신을 낮추는 사람은 높아질 것이다."

기도

유대인들은 기도할 때 숄을 걸치고, 성구함을 달았다. 숄의 끝에는 줄무늬가 있다. 성구함은 검은 가죽으로 만든 작은 상자인데, 속에는 조그만 양피지 두루마리가 있다. 그 두루마리에는 토라(성경의 첫 다섯 권)에서 인용한 네 개의 구절이 기록되어 있다. 상자 하나는 가죽 끈으로 묶어 이마에 붙이고, 다른 하나는 심장에 가까운 왼쪽 팔 윗부분에 묶는다. 이것은 하나님의 말씀이 그 사람의 생각과 감정을 통제한다는 표시로서, 오늘날에도 여전히 많은 유대인들이 숄을 걸치고 성구함을 지니고 다닌다.

구석에서 기도하는 세리

성전 한가운데서 기도하는 바리새인

"내가 너희에게 이르노니, 이 사람이 저보다 의롭다 하심을 받고 집에 내려갔느니라. 무릇 자기를 높이는 자는 낮아지고 자기를 낮추는 자는 높아지리라" 하시니라.
(눅 18:14)

어린이를 사랑하신 예수님

유리 구슬

돌 구슬

어린이 놀이기구

구슬은 오늘날과 마찬가지로 예수님 당시에도 아이들에게 인기가 있었다. 아이들은 호루라기나 딸랑이, 고리, 팽이를 갖고 놀았다. 예수님은 사람이 하늘나라에 들어가려면 아이들처럼 순전해야 하며 하나님을 신뢰해야 한다고 말씀하셨다.

하나님 보시기에 누가 가장 귀중한 사람인가를 두고 열두 제자들이 서로 다투고 있었다. 예수님이 우연히 이 소리를 듣고 그들을 불러서 무슨 일인지 물으셨다. 그러나 제자들은 아무 말도 하지 못했다. 왜냐하면 자기들이 한 말이 부끄러웠기 때문이었다. 예수님이 제자들에게 말씀하셨다. "하나님 나라에서 첫째가 되고 싶은 사람은 꼴찌가 되어야 한다. 하나님 앞에서 첫째가 되고 싶은 사람은 이 땅에서 사는 동안 겸손해야 하며, 자신보다 다른 사람을 먼저 생각해야 한다."

몇 명의 어린이들이 달려와 예수님을 에워쌌다. 그러자 제자들이 그들을 밀쳐 냈다. 예수님은 이것을 불쾌히 여기며 그렇게 하지 말라고 말씀하셨다. "이들은 내 아이들이다. 어린이들이 내게 오기를 원한다면 자유롭게 올 수 있도록 그냥 두어라. 하늘나라는 이 어린이들 같은 사람들의 것이기 때문이다."

그리고 한 아이를 안아서 무릎에 앉히고 말씀하셨다. "이 아이를 보아라. 너희들이 이 아이처럼 열린 마음과 신뢰하는 마음이 없다면 하늘나라에 들어갈 수 없다." 예수님은 손을 내밀어 아이들을 축복해 주셨다.

아이들이 예수님께 몰려들다

예수님이 제자들에게
하늘나라에 들어가려면
어린이 같아야 한다고 말씀하시다

80

부자 청년

부자 집안의 한 청년이 예수님께 달려와 무릎을 꿇었다. "주님, 영생을 얻으려면 어떻게 해야 합니까?"

예수님이 그에게 물으셨다. "너는 모든 계명을 다 지켰느냐?"

"예, 주님."

"그렇다면 마지막 한 가지, 네가 가진 모든 것을 팔아서 가난한 사람들에게 나누어 주고, 너는 나를 따라오너라. 그러면 하늘에 있는 너의 보물을 발견하게 될 것이다."

청년의 표정이 창백해졌다. 그가 가진 재산이 많았기 때문이었다. 청년은 울상을 지으며 돌아갔다. 예수님은 제자들에게 말씀하셨다. "보아라. 부자가 하나님 나라에 들어가는 것보다 낙타가 바늘 구멍으로 들어가는 것이 더 쉽다."

"그렇다면 저희는 어떻습니까? 저희는 주님을 따르기 위해 가족과 집과 모든 것을 버렸잖습니까?" 하고 베드로가 물었다.

"너희가 한 대로 하는 사람은 누구든지 이 땅과 천국에서 몇 배로 보상받을 것이다." 예수님이 말씀하셨다.

예수께서 다시 대답하여 가라사대 "얘들아, 하나님의 나라에 들어가기가 어떻게 어려운지, 약대가 바늘귀로 나가는 것이 부자가 하나님의 나라에 들어가는 것보다 쉬우니라" 하신대
(막 10:24-25)

자기가 가진 모든 것을 포기해야 한다는 소리를 듣고 울상을 지으며 돌아가는 청년

부자 청년이 예수님 앞에 무릎을 꿇고, 영생을 얻으려면 어떻게 해야 하는지 묻다

세리 삭개오

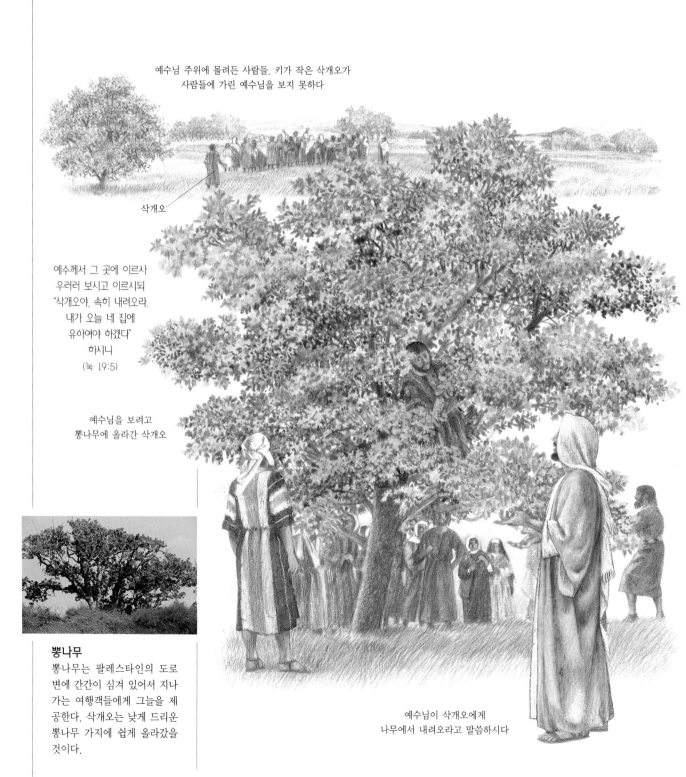

예수님 주위에 몰려든 사람들. 키가 작은 삭개오가
사람들에 가린 예수님을 보지 못하다

삭개오

예수께서 그 곳에 이르사
우러러 보시고 이르시되
"삭개오야, 속히 내려오라.
내가 오늘 네 집에
유하여야 하겠다"
하시니
(눅 19:5)

예수님을 보려고
뽕나무에 올라간 삭개오

뽕나무
뽕나무는 팔레스타인의 도로
변에 간간이 심겨 있어서 지나
가는 여행객들에게 그늘을 제
공한다. 삭개오는 낮게 드리운
뽕나무 가지에 쉽게 올라갔을
것이다.

예수님이 삭개오에게
나무에서 내려오라고 말씀하시다

예수님이 여리고에 도착하셨을 때 일이다. 부자이자 세리장인 삭개오라는 사람이 군중 사이를 비집고 들어가려고 했다. 그는 예수님을 보고 싶어 발버둥을 쳤다. 그러나 키가 작았기 때문에 사람들을 밀치고 들어갈 수도 없었고, 앞을 가린 사람들 너머 예수님을 볼 수도 없었다. 마침내 삭개오는 필사적으로 앞을 향해 달려나가 예수님이 지나가리라고 생각되는 길 옆 뽕나무 위로 올라갔다.

그 나무 아래로 지나가시던 예수님이 고개를 들어 삭개오가 뽕나무 가지에 걸터앉아 있는 것을 보셨다. "삭개오야, 거기서 내려 오너라! 내가 너희 집에서 잠시 머물 테니 나를 안내해 다오."

삭개오는 기뻐서 어쩔 줄을 몰랐다. 그는 예수님 맞을 준비를 하기 위해 부리나케 집으로 달려갔다. 그러나 다른 사람들은 투덜거리며 화를 냈다. "아니, 저런 죄인의 집에 가다니, 말도 안 돼!"

예수님이 삭개오의 집에 도착하자 삭개오가 말했다. "제가 가진 재산의 절반을 가난한 사람들에게 주겠습니다. 그리고 제가 누군가를 속여서 빼앗은 재산이 있다면 네 배로 갚겠습니다."

예수님은 "오늘 한 영혼이 구원을 받았구나!" 하며 삭개오를 축복하셨다.

세리
돌에 새긴 기원후 3세기경의 조각품. 예수님 당시에는 세금 거두는 일, 은행업, 돈 바꾸는 일이 거리에서 행해졌다. 세리가 간단한 나무 책상을 갖다 놓으면 사람들이 와서 세금을 냈다. 로마인들을 위해 일하면서 사람들의 돈을 갈취하는 세리들을 유대 사람들은 좋아하지 않았다. 예수님은 세리들도 친절하게 대함으로써 자신이 전하는 말이 모든 사람을 위한 것임을 보여 주셨다.

삭개오가 자기 재산의 절반을 가난한 사람들에게 주겠다고 말하다

삭개오

예수님

포도원의 품꾼들

하루 종일 품꾼들을 고용하다

몇 명의 품꾼이
포도원에서 일하게 되다

가장 먼저 고용된 품꾼들이
나중에 온 사람들과 똑같은
일당을 받았다고 불평하다

포도원 주인

포도원
베들레헴 근처의 포도원에서 포도를 골라 따고 있는 여자들. 예수님 당시에 포도원은 팔레스타인 전역에 있었다. 포도나무는 줄을 맞추어 나란히 심는데, 가지가 일정한 방향으로 뻗어 나가도록 막대기로 버팀목을 세웠다. 포도원마다 망루가 있어서, 일꾼들이 도둑이나 동물과 새들을 지켰다. 부유한 농부들은 품꾼을 고용하여 수확을 돕게 했다.

한 번은 예수님이 큰 포도원을 갖고 있는 사람의 비유를 들려주셨다. 어느 날 아침, 포도원 주인은 시장에 가서 품꾼을 몇 명 고용했는데, 하루 일한 대가로 한 데나리온씩 주기로 했다. 조금 후에 그 포도원 주인은 아무것도 하지 않고 빈둥거리는 또 다른 사람들을 보았다. 그가 "내 포도원에 와서 일하지 않겠나?" 하고 말하자 그들은 기뻐하며 그러겠다고 했다.

그 후에도 포도원 주인은 해가 떨어져 날이 저물 때까지 세 차례나 더 품꾼들을 모았다.

저녁이 되자 포도원 주인은 관리인에게 품꾼들을 불러 모아 일당을 지급하게 했다. 주인은 관리인에게 "맨 마지막에 일한 사람부터 돈을 주도록 하여라. 한 사람에 한 데나리온씩이다" 하고 말했다.

그런데 이른 아침부터 뙤약볕 아래서 땀 흘리며 일한 사람들이 투덜거리기 시작했다. 해가 저물 무렵부터 일한 사람들도 자기들과 똑같은 일당을 받았기 때문이었다. 그들은 불평을 늘어놓았다. "더 오랫동안 일한 우리는 더 많이 받아야 합니다."

포도원 주인이 말했다. "그게 무슨 소리인가? 나는 자네들 각자에게 한 데나리온씩 주기로 했네. 자네들도 여기에 합의하지 않았나? 그러니 내가 볼 때 모두 공평하게 받은 셈일세."

이처럼 하늘나라에서는 나중에 하나님께 온 사람이나 늘 하나님과 함께 있던 사람이나 똑같이 사랑받으며 소중하게 대접받는다.

결혼 잔치

어느 날 저녁, 예수님이 한 부자 바리새인의 집에서 저녁식사를 할 때, 한 가지 비유를 들어 하늘나라를 설명해 주셨다.

어떤 왕이 자기 아들의 결혼을 축하하기 위해 성대한 잔치를 준비했다. 모든 것이 갖추어지자 왕은 종들을 보내 손님들을 불러 오게 했다. 그러나 아무도 오려고 하지 않았다. 종들이 다시 돌아다니며 초대했지만 사람들은 저마다 핑계를 대며 참석하지 못한다고 말했다.

어떤 사람은 새로 산 소를 시험하느라 결혼 잔치에 참석할 수 없다고 말하다

어떤 사람은 "방금 소 다섯 쌍을 샀는데, 그들을 시험하러 밭으로 가는 길입니다" 하고 말했다.

또 어떤 사람은 "내가 밭을 샀는데, 가서 살펴보아야겠소" 하고 핑계를 댔다.

또 어떤 사람은 "나는 갓 결혼했기 때문에 갈 수 없소" 하고 말했다.

어떤 사람은 밭을 살피러 가야 한다고 핑계를 대다

왕은 화가 났다. "내 초대를 거절한 사람들은 잔치에 참석할 자격이 없다." 왕은 돌아다니며 거지와 병든 사람들과 눈먼 사람들을 모두 불러 모으라고 명령했다. "그들이 내 잔치에 참석하여 즐기게 될 것이다."

그 날 밤, 왕은 손님들 사이를 돌아다니다가 결혼 예복을 입지 않은 사람을 발견했다. 왕이 물었다. "너는 어찌하여 그런 옷차림으로 결혼을 축하하러 왔느냐?" 그 사람은 아무 말도 하지 못했다. 왕이 명령했다. "저 자를 끌어 내어 어두운 곳으로 던지거라!"

예수님은 "이처럼 많은 사람들이 하나님 나라에 초대를 받겠지만 정작 들어오는 사람은 적을 것이다" 하고 말씀하셨다.

어떤 사람은 갓 결혼했다는 이유로 참석을 거절하다

거지들과 병든 사람들과 눈먼 사람들이 결혼 잔치에 초대받다

결혼 예복을 입고 오지 않은 손님을 왕이 쫓아내다

다섯 처녀

예수님은 하늘나라를 설명하기 위해 이런 이야기를 들려 주셨다. 결혼 잔치에 참석한 열 명의 처녀가 있었다. 저녁이 되어 그들은 각자 등잔을 들고 신랑 일행을 맞으러 나갔다. 그 중 다섯 명은 슬기로웠고, 나머지 다섯 명은 어리석었다. 슬기로운 다섯 처녀는 기름통에 여분의 기름을 준비해 갔지만, 어리석은 다섯 처녀는 등잔말고는 아무것도 가지고 가지 않았다.

열 명의 처녀가 신랑을
기다리는 동안 잠이 들다

여분의 기름을 준비한
지혜로운 다섯 처녀

신랑의 도착 시간이 늦어지자 처녀들은 한 사람씩 잠들기 시작했다. 그런데 한밤 중에 외치는 소리가 들려 왔다. "신랑이 오고 있다! 빨리 나와서 신랑을 맞아라!" 처녀들은 일어나 어둠 속으로 마중나가기 전에 등잔을 살펴보았다. 그런데 어리석은 다섯 처녀의 등불은 기름이 없어 가물가물 꺼져 가고 있었다. 그들은 슬기로운 다섯 처녀에게 부탁했다. "제발 기름 좀 나눠 줘." 그러나 슬기로운 다섯 처녀는 "안 돼. 너희들에게 기름을 나눠 주고 나면 우리도 모자라게 될 거야. 아무래도 너희가 직접 가서 기름을 사 가지고 오는 게 좋겠어" 하고 대답했다.

그래서 어리석은 다섯 처녀는 기름을 사러 나갔고, 그 동안에 신랑이 도착했다. 슬기로운 다섯 처녀는 신랑을 맞아 함께 결혼 잔치에 들어갔고, 곧 문이 닫혔다.

어리석은 다섯 처녀가 돌아와서 닫힌 문을 주먹으로 두드리며 외쳤다. "제발 우리를 들여 보내 주세요!"

그러나 신랑의 대답은 냉정했다. "나는 당신들을 알지 못하니 문을 열어 줄 수 없습니다."

예수님이 말씀하셨다. "이와 마찬가지로 너희들은 항상 준비하고 있어야 한다. 세상 마지막 날이 언제 닥칠지 알지 못하기 때문이다."

기름통

기름 등잔

아무것도 준비하지 못한
어리석은 다섯 처녀

기름 등잔
예수님 당시에 사용하던 등잔 모양. 가운데 나 있는 구멍으로 기름을 넣고, 끄트머리의 구멍에 심지를 꽂았다. 보통 세 시간 정도면 기름이 바닥나기 때문에 여분의 기름을 반드시 준비하고 다녀야 했다.

다섯 처녀

어리석은 다섯 처녀가
기름을 사러 가다

어리석은 다섯 처녀가 나간 사이에 신랑이 도착하여
슬기로운 다섯 처녀와 함께 결혼 잔치에 들어가다

달란트 비유

주인이
세 명의 종에게
돈을 맡기다

첫 번째 종   두 번째 종   세 번째 종

첫 번째 종에게는 5달란트를,
두 번째 종에게는 2달란트를,
세 번째 종에게는 1달란트를 주다

한 달란트 받은 자는 가서
땅을 파고 그 주인의 돈을
감추어 두었더니
(마 25:18)

예수님은 하늘나라를 다음과 같은 비유로 설명해 주셨다.

어떤 사람이 긴 여행을 떠나게 되어 종들에게 자기의 재산을 맡겼다. 그는 능력에 따라 가장 나이가 많은 첫 번째 종에게는 5달란트를, 두 번째 종에게는 2달란트를, 세번째 종에게는 1달란트를 주었다.

5달란트를 받은 첫 번째 종은 그것으로 재간 있게 장사를 하여 금세 두 배로 만들었다. 두 번째 종도 장사를 하여 집에 돌아올 때는 받은 돈의 두 배를 가지고 왔다. 그런데 세 번째 종은 멀찌감치 가서 땅에 구녕이를 파고 받은 돈을 묻어 두었다.

얼마 후 집으로 돌아온 주인은 종들을 불러 맡겨 둔 돈을 어떻게 했는지 물었다. 그는 첫 번째 종과 두 번째 종이 자기가 받은 돈을 최대한 활용한 것을 보고 칭찬했다. "너희는 착하고 신실하구나. 너희가 조그만 일도 믿음직스럽게 해냈으니 이제 많은 것을 너희에게 맡기겠다."

첫 번째 종이 장사를 하여
5달란트를 두 배로 늘리다

두 번째 종이 장사를 하여
2달란트를 두 배로 늘리다

땅을 파고 1달란트를 묻는
세 번째 종

그러자 세 번째 종이 나아와 가지고 있던 1달란트를 돌려주며, 자기는 그 돈을 땅에 가만히 묻어 두었었다고 말했다. 주인은 화가 치밀었다.

"이 어리석고 감사할 줄 모르는 종아! 차라리 그 돈을 돈놀이하는 사람에게 맡겼으면 이자라도 얻었을 게 아니냐!" 그 주인은 세 번째 종을 집 밖으로 쫓아내라고 지시했다.

그리고 그가 가지고 있던 1달란트를 빼앗아 10달란트 가진 종에게 주었다.

이처럼 우리도 하나님이 우리에게 맡기신 것을 최대한 활용해야 하늘나라에 들어갈 준비가 되었다고 할 수 있다.

돈

예수님 당시에 흔히 사용되었던 로마의 데나리온. 1데나리온은 하루 품삯에 해당한다. 동전의 한쪽 면에는 로마 황제의 얼굴이 새겨져 있다. 달란트는 동전이 아니라 무게의 단위인데, 1달란트는 약 30킬로그램에 해당한다. 비유에 나오는 달란트는 몇 년 품삯에 해당하는 엄청난 액수이다.

받은 것을 최대한 활용했다고 칭찬받는 첫 번째 종과 두 번째 종

세 번째 종이 1달란트를 주인에게 돌려주다

주인이 자기가 준 돈으로 아무 일도 하지 않은 세 번째 종에게 화를 내다

예루살렘에 들어가시는 예수님

두 명의 제자가 당나귀와
그 새끼를 발견하고서
어린 당나귀를 끌고 오다

예수님과 제자들은 예루살렘으로 가고 있었다. 예루살렘에서 아주 가까운 거리에 있는 올리브 산(감람산) 벳바게에 도착했을 때 예수님은 제자들 가운데 두 명을 마을로 보내셨다. "너희가 마을에 들어가면 문에 묶여 있는 당나귀와 그 새끼를 보게 될 것이다. 어린 것을 풀어서 이리로 끌고 오너라. 만약 누가 못 가져가게 하면 '주님께서 쓰시려고 합니다' 라고 말해라. 그러면 순순히 보내 줄 것이다."

두 제자는 예수님이 시키신 대로 했다. 그들은 새끼 당나귀를

당나귀와 그 새끼
성경 시대의 왕족은 평화시에는 당나귀를 타고, 전쟁중에는 말을 탔다. 예수님이 새끼 당나귀를 타고 예루살렘에 들어가신 것은 한 왕이 평화롭고 겸손하게 예루살렘에 들어올 것이라는 구약의 예언을 성취한 것이었다.

예수님이 새끼 당나귀를 타고
예루살렘으로 가시다

예수님 주위에 몰려들어
노래하고 환호하는 무리들

길 위에
종려나무 잎을 깔다

끌고 와서 안장 대신 자기들의 겉옷을 당나귀 등에 올려 놓았다. 그 당나귀는 다른 사람이 타 본 적이 없었는데도 예수님께는 유순하게 말을 잘 들었다. 이렇게 해서 하나님의 아들은 당나귀를 타고 예루살렘에 들어가셨다.

사람들은 예수님이 오시는 것을 보고 겉옷을 벗어 길 위에 깔았다. 또 종려나무 잎을 꺾어서 길을 덮었다. 예수님의 앞뒤로 몰려든 사람들이 부르는 노래 소리와 찬양 소리가 하늘에 울려 퍼졌다.

"복되도다, 다윗의 자손이여! 복되도다, 주의 이름으로 오시는 이여! 하늘에는 평화요 가장 높은 곳에는 영광이로다!"

예루살렘에 가까이 이르자 예수님은 눈물을 흘리셨다. 예루살렘이 멸망할 때가 오리라는 것을 알고 계셨기 때문이었다.

종려나무 잎
사람들은 예수님이 지나가시는 길에 종려나무 잎을 깔았다. 이것은 길고 잎이 많아 마치 나뭇가지처럼 보이는데, 대추야자의 가늘고 길쭉한 줄기 끝에서 자란다. 종려나무 잎은 은혜와 승리의 상징이었다.

"호산나, 다윗의 자손이여!
찬송하리로다,
주의 이름으로 오시는 이여!
가장 높은 곳에서 호산나!"
(마 21:9)

성문을 통과하여 예루살렘으로 들어가시는 예수님과 그를 따르는 사람들

거룩한 성
예루살렘은 유대인과 기독교인과 이슬람교도 모두에게 거룩한 도시이다. 그래서 해마다 순례자들이 떼를 지어 몰려든다. 위의 사진은 한 그리스 정교회 사제가 예루살렘의 옛 도시에 있는 '비아 돌로로사'(Via Dolorosa)를 걸어가는 모습이다. 옛 도시는 성경에 나오는 예루살렘을 말하는 것으로, 20세기에 이스라엘이 팔레스타인을 되찾은 후 새롭게 바뀐 예루살렘과 비교하여 일컫는 말이다.

예수님과 그를 따르는 사람들은 예루살렘 성문을 통과하여 성전으로 갔다. 예루살렘 사람들은 놀란 눈으로 그 행렬을 지켜보며 서로 물었다. "이 사람이 누구야? 왜 사람들이 이렇게 찬양하는 거지?"

다른 사람들이 대답했다. "저분은 예수님이오. 갈릴리 나사렛에서 온 위대한 예언자지요."

예수님과 성전의 장사꾼들

통곡의 벽
이슬람 사원인 '바위의 돔' 정면에 '통곡의 벽'이 있다. 이것은 유일하게 남아 있는 헤롯 성전의 일부이다.

저희에게 이르시되 "기록된 바
'내 집은 기도하는 집이라
일컬음을 받으리라' 하였거늘
너희는 강도의 굴혈을
만드는도다" 하시니라.
(마 21:13)

예수님이 예루살렘 성전에 가셨다. 성전 뜰은 물건을 사고 팔고, 돈을 바꾸고, 제사에 바칠 짐승의 가격을 깎는 소리로 시장바닥과 다름없었다. 화가 난 예수님은 돈을 바꿔 주는 사람들의 탁자를 뒤엎으셨다. 동전들이 땅바닥에 쏟아졌다. 예수님은 또 장사꾼들과 소와 양들을 쫓아내며 소리치셨다. "하나님의 집은 기도하는 곳이다. 그런데 너희가 강도들의 소굴로 만들어 버렸구나!"

성전이 깨끗해지자 사람들이 치료를 받으려고 예수님께 나아왔다. 사람들은 간절한 마음으로 예수님 주위에 몰려들었고, 아이들은 "다윗의 자손에게 호산나!" 하고 환호했다. 이것을 지켜보던 대제사장들과 율법학자들은 불편한 마음으로 예수님에게 물었다. "이 아이들이 뭐라고 말하고 있는지 아시오?" 예수님이 대답하셨다. "알고 있소. 당신들은 성경도 읽어 보지 못했소? 순진한 어린이의 찬양이야말로 하나님을 가장 기쁘게 한다고 성경에서 말하지 않았소?"

예수님은 성전을 떠나 베다니로 가서 하룻밤을 지낸 후, 다음 날 제자들과 함께 성전으로 돌아와 가르치기 시작하셨다. 대제사장들과 율법학자들이 예수님을 기다리고 있었다.

성전 뜰에 모인 장사꾼들

"누가 당신에게 여기에서 가르쳐도 된다고 허락했소?" 그들이 다그쳤다.

예수님이 대답하셨다. "나도 한 가지 물어 봅시다. 당신들이 내 질문에 대답한다면 나도 누구의 권한으로 이런 일을 하는지 말하겠소. 잘 들으시오. 세례 요한에게 세례를 베풀 권한을 준 것이 하나님이오, 아니면 사람이오?"

제사장들은 당황했다. '만약 하나님이 주셨다고 대답하면, 우리에게 왜 세례 요한을 믿지 않았느냐고 캐물을 것이다. 그렇다고 사람이 준 것이라고 말한다면, 세례 요한을 예언자로 생각하는 백성들이 우리에게 등을 돌리고 돌을 던질 게 아닌가?'

그래서 그들은 "모르겠소" 하고 대답했다. 그러자 예수님도 "그렇다면 나도 내가 누구의 권한으로 이런 일을 하는지 말할 수 없소"라고 말씀하셨다.

저울

로마의 청동 저울. 예수님 당시에 환전상들과 장사꾼들은 돈이나 농작물의 무게를 달 때 이와 비슷한 저울을 사용하였다. 환전상들은 외국 화폐를 성전 안에서 통용되는 '세겔'로 바꾸어 주었다. 그들은 흔히 부당한 이익을 취했는데, 예수님이 환전상을 성전 밖으로 쫓아내신 것도 바로 이 때문이었다.

예수님이 장사꾼들을
성전에서 내쫓으시다

대제사장과 율법학자들이
예수님을 탐탁치 않게 여기다

유다의 배반

나드 향유
인도의 히말라야에서 자라는 나드 풀. 마리아가 예수님께 부은 나드 향유는 나드 풀의 뿌리와 줄기를 말려서 만든 기름으로 매우 향기롭다.

귀중한 선물
나드는 팔레스타인이 인도에서 수입하였는데, 사진과 같은 옥합에 담아서 들여왔다. 마리아는 옥합을 깨뜨려 값비싼 향유를 예수님께 부었다. 그것은 예수님을 특별한 손님으로 대한다는 뜻이었다. 나드는 장사 지내기 전에 시체에 바르기도 했다.

마르다가 예수님과 제자들에게 저녁을 대접하다

마르다

나사로

예수님

마리아

마리아가 예수님의 발에
값비싼 나드 향유를 붓고
자기 머리카락으로 깨끗하게 닦아 내다

마리아가
비싼 향유를 부은 것에
놀란 유다

유다의 배반

유월절을 엿새 앞둔 날이었다. 예수님과 제자들은 예루살렘 외곽에 있는 베다니로 갔다. 예수님의 친구인 마리아와 마르다와 그들의 오빠 나사로가 사는 집에 머물려고 간 것이다.

마르다는 그들을 매우 반갑게 맞아 들이고, 예수님을 위하여 저녁을 준비했다. 예수님과 제자들은 식탁에 앉아 있었고, 마르다는 분주히 음식을 대접하고 있었다. 그 때 마리아가 값비싼 나드 한 옥합을 가지고 예수님에게 다가왔다. 마리아는 옥합을 깨서 부드러운 나드 향유를 예수님의 발에 부은 뒤 자기의 머리카락으로 깨끗하게 닦아 냈다. 그러자 온 집 안에 나드의 그윽한 향기가 가득했다.

그 때에 열둘 중에 하나인 가룟 유다라 하는 자가 대제사장들에게 가서 말하되 "내가 예수를 너희에게 넘겨 주리니 얼마나 주려느냐?" 하니, 그들이 은 삼십을 달아 주거늘 (마 26:14-15)

열두 제자 가운데 한 사람인 가룟 유다는 마리아가 굉장히 비싼 향유를 사용하는 것을 보고 깜짝 놀랐다. "그 향유를 비싼 값에 팔아서 가난한 사람들에게 주지 그랬어! 못해도 일꾼들 일 년치 품삯은 될 텐데!"

예수님이 말씀하셨다. "가만 놔 두어라. 마리아는 나를 위해 아름다운 일을 했다. 가난한 사람들은 늘 너희와 함께 있겠지만, 나는 그렇지 못할 것이다. 마리아가 향유를 내게 부은 것은 바로 내 장례식을 준비하는 것이다. 오늘 마리아가 한 일은 언제까지나 기억될 것이다."

한편, 유대인의 공의회인 산헤드린에 속한 제사장과 서기관과 장로들이 대제사장 가야바의 집에 모였다. 그들은 백성들에게 미치는 예수님의 영향력이 두려웠기 때문에 그를 체포하여 처형할 구실을 찾고 있었다. 유다가 아무도 몰래 그들을 찾아가서 어떻게 예수님을 배반할 것인가 의논했다.

유다가 은화 30개에 예수를 가야바에게 넘기기로 합의하다

"내가 예수를 당신들의 손에 넘겨 주면 그 대가로 무엇을 주겠소?" 하고 유다가 물었다.

"은화 30개를 주겠소."

유다는 여기에 동의하였고, 가야바는 은화 30개를 세어 그의 손에 쥐어 주었다.

그 때부터 유다는 예수님 곁을 떠나지 않고 유대의 공의회에 예수님을 넘겨 줄 기회만을 엿보았다.

유월절 준비

베드로와 요한이 물동이를
이고 가는 사람을 따라가다

어느 집에 도착한
베드로와 요한

베드로와 요한이 집 주인에게
위층으로 안내해 달라고 부탁하다

다락방

예수님이 제자들과 식사하셨던 '다락방'으로 알려진 곳. 이 방을 '식사하는 방'이란 뜻의 '코에나쿨룸'(Coenaculum)이라고 부르며, 지금은 예루살렘의 시온 산에 있는 이슬람 사원의 일부이다. 부자들의 집에는 대부분 손님들을 접대하기 위한 다락방이 따로 있었다.

유월절 며칠 전이었다. 예수님은 자신이 이 세상과 사랑하는 사람들을 떠나 하늘에 계신 아버지께 가야 할 때가 가까이 온 것을 아셨다.

제자들이 예수님께 다가와 어디에서 유월절 식사를 준비해야 할지 물었다. 예수님은 베드로와 요한에게 예루살렘 안으로 들어가라고 말씀하셨다. "거기에 가면 물동이를 이고 가는 사람을 보게 될 것이다. 그를 따라가 그가 들어가는 집 주인을 만나서 나와 너희들이 유월절을 지킬 방으로 안내해 달라고 부탁하여라. 그러면 필요한 것이 모두 갖추어져 있는 위층의 큰 방으로 너희를 데려다 줄 것이다. 거기에 유월절 식사를 차리도록 하여라."

두 사람은 예수님이 지시하신 대로 했다. 모든 것이 준비되자 예수님과 나머지 제자들이 그 집에 도착하여 다락방으로 올라갔다.

그런데 예수님이 수건을 허리에 두르더니 대야에 물을 부으셨다. 그리고 열두 명의 제자들 한 사람 한 사람 앞에 무릎을 꿇고 그들의 발을 씻긴 후 수건으로 닦아 주셨다. 베드로의 차례가 되었다. 베드로는 "주님, 왜 이러십니까? 저는 주님이 무릎을 꿇어 제 발을 닦게 할 수 없습니다" 하며 거절했다.

예수님이 말씀하셨다. "내가 너의 발을 씻어 주지 않으면, 너는 나와 상관이 없다."

"그렇다면 주님, 제 발뿐만 아니라 제 손과 머리도 씻어 주십시오" 하고 베드로가 말했다.

제자들을 다 씻긴 후 예수님은 식탁에 앉아 말씀하셨다.

"너희의 선생인 내가 너희의 발을 씻어 주었으니 너희들도 서로의 발을 씻어 주어야 한다. 내가 본을 보인 것은 너희 모두가 똑같으며, 종이 주인보다 높지 않고, 또 서로서로 겸손하고 친절하게 대해야 한다는 것을 너희에게 깨우치기 위해서이다."

발 닦는 도구

예수님 당시에는 집에 들어가면 발에 묻은 먼지를 물로 씻는 것이 관례였다. 이 일은 대개 종들이 맡았는데, 예수님이 제자들의 발을 씻어 주신 것은 자기를 본받아 서로 섬길 것을 가르치기 위해서였다.

다락방에 모인 제자들

제자들 한 사람 한 사람의 발을 씻기시는 예수님

예수님께 자기의 발을 닦지 못하게 하는 베드로

최후의 만찬

예수님이 떡을 들어 축복한 후 떼어
제자들에게 나누어 주시다

저희가 먹을 때에
예수께서 떡을 가지사
축복하시고 떼어 제자들에게
주시며 가라사대 "받으라.
이것이 내 몸이니라" 하시고,
또 잔을 가지사 사례하시고
저희에게 주시니,
다 이를 마시매
(막 14:22-23)

자기들 가운데 한 사람이
예수님을 배반할 것이라는 말을 듣고
깜짝 놀라는 제자들

떡과 포도주
예수님은 제자들과 함께 유월
절 떡과 포도주를 나눌 때 그
것들을 자신의 몸과 피에 비유
하여 제자들을 놀라게 하셨다.
오늘날 기독교인들은 예수님
의 죽음을 기념하여 떡을 떼고
포도주를 마신다.

예수님과 제자들이 유월절 음식을 먹고 있었다. 예수님은 떡을 들어 축복한 후 그
것을 떼서 제자들에게 나누어 주며 말씀하셨다. "이것을 받아 먹어라. 이것은 내 몸
이다."

또 포도주를 들어 축복한 후 잔을 나누어 주며 말씀하셨다. "이것을 마셔라. 이것
은 내 피다."

그리고 나서 예수님은 슬픔이 가득한 얼굴로 제자들을 한 사람씩 차례로 바라보
셨다. "여기에 앉아 있는 너희들 중 한 사람이 나를 배반할 것이다."

제자들은 깜짝 놀라서 서로를 쳐다보며 물었다. "너냐? 아니면 저 사람? 설마 나
를 두고 하시는 말씀은 아니겠지."

유다가 방을 빠져 나가
어둠 속으로 사라지다

베드로는 예수님 옆에 앉은 제자에게 속삭였다. "그 사람이 누군지 예수님께 여쭈어 봐." 예수님이 무척 아끼는 그 제자는 예수님 쪽으로 몸을 기울이며 "주님, 도대체 그 사람이 누구입니까?" 하고 물었다.

"내가 이 떡을 주는 바로 그 사람이다." 그리고 나서 예수님은 떡 한 조각을 떼더니 앞에 있는 접시에 적셔서 가룟 유다에게 주셨다. "이제 네가 해야 할 일을 하거라." 예수님이 말씀하셨다.

깜짝 놀란 유다는 식탁에서 일어나 방을 빠져 나갔다. 그리고 어둠 속으로 사라졌다.

요한

요한복음에 따르면 유월절 식사를 할 때 예수님 옆에 있던 제자는 "그의 사랑하시는 자" (요 13:23)였다. 이 제자는 아마도 요한 자신이었을 것이다.

겟세마네 동산

예수님과 제자들은 올리브 산에 있는 겟세마네 동산으로 갔다. 그 곳은 예수님과 제자들이 잘 알고 있을 뿐 아니라 또 좋아하는 장소였다.

예수님은 "내가 가서 기도하는 동안 여기에 있어라" 하시고 베드로와 야고보와 요한을 데리고 가셨다. "내 마음이 참으로 괴롭다. 내가 기도하는 동안 깨어 있어라." 예수님이 세 명의 제자들에게 말씀하셨다.

올리브 산(감람산)
올리브 산은 예루살렘 동쪽의 헤롯 성전(지금은 회교 사원 '바위의 돔'이 있는 자리) 맞은편에 있었다. 예수님은 올리브 산에 올라가 간절히 기도하셨다.

예수님이 기도하시는 동안
잠이 든 베드로와 야고보와 요한

슬픔을 가득 안고
기도하시는 예수님

올리브 숲(감람나무 숲)
올리브 나무는 수명이 길어서 수백 년 동안 열매를 맺을 수 있다. 겟세마네 동산은 올리브 산의 올리브 숲에 있었다. 그러나 정확한 위치는 알 수 없다.

예수님은 조금 더 나아가 슬픔과 괴로움으로 얼굴을 땅에 대고 엎드려 기도하셨다.

"아버지여, 이 고통의 잔이 저를 지나쳐 가게 해 주소서. 그렇지만 저는 언제든지 아버지의 뜻에 따르겠으니 제 뜻대로 하지 마시고 아버지의 뜻대로 하소서."

예수님이 돌아와 보니 세 명의 제자들은 깊이 잠들어 있었다. 예수님이 그들에게 말씀하셨다. "너희는 단 한 시간조차도 깨어 있을 수 없느냐? 내가 기도하는 동안 깨어 있어라." 그리고 다시 기도하러 가셨다. 그러나 제자들은 쏟아지는 잠을 주체하지 못해 잠들고 말았다. 세 번째도 마찬가지였다. 그 때 예수님이 말씀하셨다. "이

제 때가 되었다. 배신자가 오고 있다!"

그 때 유다가 다가왔다. 대제사장이 보낸 많은 사람들이 그의 뒤를 따르고 있었다. 그들은 모두 칼과 몽둥이로 무장했으며, 횃불을 들고 있었다. 유다가 예수님께 다가가더니 뺨에 입을 맞추었다. 이것은 미리 정해 둔 신호였다. 당장 두 사람이 나서더니 예수님을 붙잡았다. 그 순간 베드로가 자기 칼을 뽑아서 예수님을 잡으러 온 사람 가운데 하나의 귀를 베어 버렸다. 예수님이 베드로를 꾸짖으셨다. "칼을 치워라. 만약 보호가 필요하다면 하늘에 계신 내 아버지께서 지켜 주셨을 것이다." 그리고 그 사람을 어루만져 귀를 낫게 만들었다.

이 일들을 지켜 본 제자들은 무서웠다. 그들은 목숨을 부지하기 위해 달아났다. 사람들 가운데 맨몸에 홑이불을 두른 청년이 있었다. 무장한 군인이 그를 체포하려고 그 끝자락을 잡았으나, 청년은 입은 것을 벗어 던지고 도망쳤다.

마가
마가복음에는 예수님이 체포될 때 알몸으로 달아난 사람의 이야기가 나온다. 학자들은 그가 마가 자신이었을 것으로 추측한다. 왜냐하면 마가만이 이것을 기록하고 있기 때문이다.

한 청년이 알몸으로 달아나다

군인들이 예수님을 체포하러 오다

베드로가 칼을 뽑아 예수님을 체포하러 온 사람 가운데 하나의 귀를 베다

유다가 예수님을 체포하라는 신호로 그의 뺨에 입을 맞추다

베드로의 부인

예수님이 지나가신 계단
기원후 1세기에 만들어진 돌계
단인데, 가야바의 집이라고 추
측되는 곳에 연결되어 있다.
예수님은 체포되어 이 돌계단
을 지나가셨을 것이다.

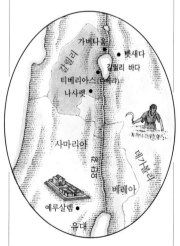

갈릴리
예수님과, 가룟 유다를 제외한
모든 제자들은 팔레스타인 북
쪽에 있는 갈릴리 출신이었다.
갈릴리 사람들은 사투리가 심
해서 남쪽 유대 사람들에게 멸
시를 당했다.

베드로

예수님을 아느냐는 질문에
세 번이나 모른다고 부인하다

베드로의 부인

예수님은 체포되기 전에 올리브 산에서 제자들을 불러, 밤이 새기 전에 제자들이 자신을 배반할 것이라고 말씀하신 적이 있다. 그러나 베드로는 그런 일은 일어나지 않을 것이라고 말했다. 예수님이 조용히 베드로를 바라보면서 "새벽닭이 울기 전에 네가 나를 세 번 부인할 것이다" 하고 말씀하셨다. 베드로는 "절대로 그런 일은 없을 것입니다!" 하고 딱 잘라 말했다.

닭
예수님 당시에 팔레스타인에는 닭을 키우는 집이 많았다. 닭은 언제나 동트기 몇 시간 전에 울었다. 군인들은 닭 울음소리를 신호로 보초를 교대했다.

마침내 예수님은 체포되어 대제사장 가야바의 집으로 끌려가셨다. 그 곳에는 예수님을 심문하려고 율법학자들과 장로들과 막강한 유대인의 공의회인 산헤드린의 모든 회원들이 모여서 기다리고 있었다. 베드로는 멀찌감치 따라가며 무슨 일이 일어나는가 지켜보았다. 그는 가야바의 집 뜰 안으로 들어가 보초병들과 함께 불을 쬐며 서 있었다.

어린 하녀 하나가 베드로에게 다가와 그를 유심히 살펴보더니 물었다. "당신도 갈릴리 사람 예수와 함께 있지 않았나요?"

"난 그런 사람 모릅니다." 베드로는 이렇게 말하고 나서 일어나 문쪽으로 걸어갔다.

또 다른 하녀가 베드로에게 다가오더니 "이 사람도 나사렛 예수와 함께 있던 사람들 가운데 하나예요"라고 동료들에게 말했다.

그러자 베드로는 곧장 "난 아닙니다. 맹세코 나는 그 사람을 몰라요" 하고 부인했다.

그 때 몇몇 사람들이 모여들더니 베드로를 수상쩍게 바라보았다. 그 중에 한 사람이 말했다. "당신도 그 제자들 가운데 하나가 틀림없어! 그래, 맞아! 지금도 갈릴리 사투리를 쓰고 있잖아!"

베드로는 그들을 향해 화를 내면서 말했다. "내가 말했잖소? 나는 당신들이 말하는 그 사람을 알지 못한다니까!"

이에 베드로가 예수의 말씀에 "닭 울기 전에 네가 세 번 나를 부인하리라" 하심이 생각나서 밖에 나가서 심히 통곡하니라.
(마 26:75)

그 때 닭이 울었다. 베드로는 불현듯이 자기가 예수님을 부인할 것이라던 말씀이 생각났다. 그는 뜰을 빠져 나와 주저앉아 통곡했다.

닭이 울자 베드로가 예수님의 말씀을 떠올리며 뜰을 빠져 나와 통곡하다

산헤드린 앞에 서신 예수님

예수님이 가야바와
유대 지도자들의 공의회 앞에
끌려오다

대제사장이 다시 물어 가로되
"네가 찬송 받을 자의 아들
그리스도냐?"
예수께서 이르시되
"내가 그니라".
(막 14:61-62)

가야바

하나님을 모독했다며
예수님을 추궁하는
가야바와 공의회원들

예수님은 대제사장 가야바와 산헤드린 앞으로 끌려가셨다. 그들은 예수님의 죄목을 찾아 내기로 작정하고 여러 사람을 심문했다. 심문을 받을 사람들은 이미 뇌물을 받고 예수님에 대해 거짓말을 하도록 짜여 있었다. 그러나 아무도 납득할 만한 증거를 대지 못했다. 마침내 두 사람이 앞으로 나서더니 예수가 혼자서 성전을 허물고 기적같이 사흘 만에 다시 짓겠다고 말한 것을 들었다고 증언했다.

"들었겠지? 이것에 대해 할 말이 있느냐?" 가야바가 예수님을 추궁했다. 아무 대꾸도 없었다. 가야바가 다시 물었다. "네가 하나님의 아들이냐?" 예수님이 조용히 대답하셨다. "그렇다."

그 소리를 들은 가야바가 벌떡 일어섰다. "더 이상 무슨 증거가 필요하겠소!" 그는 기고만장하여 외쳤다. "사람인 주제에 하나님의 아들이라니! 이건 하나님을 모독하는 것이오. 하나님을 모독한 죄는 사형으로 다스려야 합니다!" 이 말에 산헤드린 회원들은 예수님 주변에 몰려들어 예수님을 조롱하고 떼밀며 얼굴에 침을 뱉었다.

다음 날 아침, 예수님은 손이 묶이고 눈이 가린 채 유대의 로마 총독 본디오 빌라도 앞으로 끌려가셨다.

예수님을 배반한 것을
후회한 유다가
목을 매고 자살하다

가룟 유다는 예수님에게 일어난 일들을 전해 듣고 후회막급이었다. 그는 은화 30개를 가지고 제사장들을 다시 찾아갔다. "아무 죄 없는 분을 배반했으니, 난 이 돈을 가질 수 없습니다." 유다는 이렇게 말하고 은화 30개를 성전 바닥에 내팽개쳤다. 그는 부끄러움으로 괴로워하다가 목을 매달아 자살하고 말았다.

제사장들이 떨어진 은화를 주웠다. "이 돈은 피값이기 때문에 성전 보물창고에 둘 수가 없다." 그들은 서로 의논할 결과 그 돈으로 어떤 토기장이의 밭을 샀다. 그 밭은 나중에 나그네들을 위한 묘지로 사용되었고, '피밭'이라는 이름으로 알려지게 되었다.

은화 30개
티루스(두로)와 유대에서 통용된 은화(세겔)와 청동으로 만든 동전 상자. 유다가 받은 돈도 이 주조 화폐였을 것이다. 은화 30개는 전통적으로 노예 한 사람 값인데, 예수님 당시에는 그다지 큰 액수가 아니었다.

제사장들이 유다가
성전 바닥에 내팽개치고 간
은화 30개를 줍다

유다 나무
유다가 목을 매고 자살했다고 생각되는 나무 종류. 왜 유다가 예수님을 배반했는지는 아무도 모른다. 한 가지 추측은 예수님이 로마의 지배를 뒤엎고 유대 민족을 위해 권력을 장악할 줄로 생각했는데, 그것이 잘못된 판단인 줄 깨달은 후 예수님을 배반했으리라는 것이다.

빌라도 앞에 서신 예수님

예수님은 당시 유대를 다스리던 로마 총독 본디오 빌라도의 법정에 서셨다. 빌라도가 예수님을 엄중히 심문했다. "네가 유대인의 왕이라구?"

예수님이 대답하셨다. "네가 말한 대로이다."

그러나 예수님은 그 밖의 다른 질문과 문책에는 아무 대꾸도 하지 않으셨다. 빌

빌라도의 동전
로마 총독 본디오 빌라도가 새로 발행한 동전에는 사진처럼 막대기가 새겨져 있는데, 이것은 로마인들에게 전쟁이나 예언자를 상징했다. 빌라도의 동전은 그 전에 사용하던 종려나무 가지나 곡식 이삭 같은 유대의 상징이 그려진 동전을 대신했는데, 이 일은 유대인들의 분노를 일으켰다. 이것은 빌라도가 유대인의 민족 감정에 민감하지 못했음을 보여 준다.

사람들이 보는 앞에서
손을 씻는 빌라도

빌라도가
바라바를 풀어
주라고 지시하다

빌라도가 예수님을
채찍질하라고 지시하다

정결하게 하는 의식
이탈리아 폼페이의 한 집에서 발견된 예수님 당시의 대야와 물주전자. 빌라도가 사람들이 보는 앞에서 손을 씻은 것은 예수님을 죽이는 데 관여하고 싶지 않다는 의미였다.

라도는 예수님에게서 아무 잘못도 찾아낼 수 없었다. 오히려 유대 공의회가 예수님을 시기한 나머지 자기에게 데려온 것이라고 생각했다.

당시에는 유월절이 되면 죄수들 가운데 백성들이 뽑은 한 사람을 풀어 주는 관습이 있었다. 빌라도는 밖으로 나가 몰려든 사람들에게 물었다. "너희들은 내가 누구를 풀어 주기를 원하느냐? 반역자요 살인자인 바라바냐, 아니면 예수 그리스도냐?" 빌라도는 사람들이 예수님을 풀어 달라고 말하리라고 생각했다.

그러나 대제사장들과 공의회원들은 예수님을 죽이기로 작정했기 때문에 사람들을 설득하여 바라바를 요구하게 만들었다.

빌라도가 말했다. "그렇다면 내가 '유대왕의 왕' 이라고 하는 이 예수를 어떻게 했으면 좋겠느냐?"

"십자가에 못박으시오!"

"무슨 죄목으로? 이 사람이 무슨 죄를 지었다는 건가?"

그러나 사람들은 "그를 십자가에 못박으시오!" 하며 계속 소리를 질러 댔다.

빌라도는 마침내 대야에 물을 떠 오게 하여 사람들이 보는 앞에서 손을 씻으며 말했다. "나는 이 사람의 피에 대해서는 책임이 없다." 빌라도는 바라바를 풀어 주라고 지시한 후 예수님을 채찍질하여 로마 군인들에게 넘겼다.

군인들은 예수님을 총독 관저로 끌고 갔다. 그들은 예수님의 옷을 벗기고, 왕이 입는 자줏빛 옷을 입혔다. 또 머리에는 가시 면류관을 씌웠다. 그들은 예수님 앞에 무릎을 꿇고 "유대인의 왕 만세!" 하며 소리쳤다. 또 그를 때리고 야유를 보내며 침을 뱉었다. 이것도 재미가 없어지자 그들은 예수님이 입으셨던 옷으로 갈아입혀서 십자가에 못박으려고 끌고 나갔다.

가시 면류관

예수님 당시에 면류관은 왕족의 표시이자 명예의 상징이었다. 로마 군인들은 예수님을 조롱하려고 가시로 면류관을 만들어 그의 머리에 씌웠다.

가시 면류관을 엮어
그 머리에 씌우고,
갈대를 그 오른손에 들리고,
그 앞에서 무릎을 꿇고,
희롱하여 가로되 "유대인의
왕이여, 평안할지어다" 하며
(마 27:29)

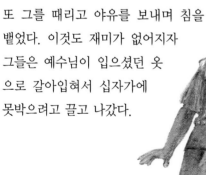

군인들이
예수님 앞에 무릎을 꿇고
"유대인의 왕 만세!"를 외치다

십자가의 죽음

비아 돌로로사(Via Dolorosa)
'슬픔의 길'이라는 뜻으로, 예수님이 십자가를 지고 지나가셨다고 믿어지는 길. 예수님이 십자가에 달려 죽으신 것을 상기하는 뜻에서 열네 군데의 '기도처'가 표시되어 있다.

예수님이 십자가에 못박히러 끌려가실 때, 마침 그 길에 키레네(구레네) 사람 시몬이 있었다. 로마 군인들은 시몬을 잡아서 강제로 십자가를 지고 가게 했다. 골고다(갈보리) 언덕에 이르렀을 때 로마 군인 하나가 몰약을 탄 포도주를 예수님에게 주었으나, 예수님은 마시지 않으셨다. 그들은 예수님을 십자가에 못박고, 그 위에 '나사렛 예수, 유대인의 왕'이라고 적힌 명패를 달아 조롱하였다.

군인들은 예수님이 입던 옷을 제비 뽑아서 나누어 가진 후 앉아서 예수님을 감시했다. 이리저리 오가는 사람들은 십자가에 달리신 예수님을 보고 비아냥거렸다. "네가 정말로 하나님의 아들이라면 너 자신을 구해 보지 그래?" 그러나 예수님은 기도하셨다. "아버지여, 저들을 용서하여 주옵소서. 저들은 자기가 무슨 일을 하고 있는지

두 사람의 강도가
예수님 양쪽의 십자가에 못박히다

키레네 사람 시몬이
예수님과 함께
십자가를 지고 가다

예수님이 입던 옷을 놓고
제비를 뽑는 군인들

이에 예수께서 가라사대
"아버지여, 저희를 사하여
주옵소서. 자기의 하는 것을
알지 못함이니이다" 하시니라.
(눅 23:34)

알지 못합니다."

예수님의 양쪽에는 두 명의 강도가 십자가에 못박혀 있었다. 그들 중 한 사람은 예수님께 욕설을 퍼부었으나 다른 한 사람은 예수님을 변호했다. 예수님은 그 사람에게 "너는 오늘 나와 함께 낙원에 있게 될 것이다"라고 말씀하셨다.

정오가 되자 땅 위에 어둠이 깔리더니 오후 세 시까지 계속되었다.

그 때 예수님이 큰 소리로 부르짖으셨다. "나의 하나님, 나의 하나님, 왜 나를 버리셨습니까?" 이 소리를 듣고, 십자가 아래 서 있던 사람들 가운데 하나가 달려가서 해면에 식초를 적셔서 막대기 끝에 달아 예수님의 입술에 갖다 댔다. 예수님은 "아버지여, 내 영혼을 아버지 손에 맡깁니다"라고 절규한 후 고개를 떨구셨다. 그 때 성전의 휘장이 위에서 아래로 찢어졌고, 땅 속 깊은 곳이 흔들렸다.

처음부터 지켜보고 있던 백부장 중에 하나가 말했다. "참으로 이 분은 하나님의 아들이셨구나!" 주변에 있던 많은 사람들은 점점 무서워졌다. 근처 가까운 곳에는 예수님을 따라 갈릴리에서 온 여자들이 몇 명 있었는데, 그 중에는 예수님의 어머니 마리아와 막달라 마리아, 그리고 야고보의 어머니 마리아도 있었다. 그들은 두려워하지 않고, 거기에 남아 있었다.

그 날 저녁, 아리마대 출신의 부자 요셉이 도착했다. 그는 유대 공의회 회원이었지만 예수님을 따르고 있었다. 그는 빌라도에게 가서 예수님의 시신을 십자가에서 내려 가져갈 수 있게 해 달라고 요청했다. 빌라도가 이를 허락하자, 요셉은 니고데모의 도움을 받아 예수님의 시신에 몰약과 알로에 즙 섞은 것을 바르고, 깨끗한 아마포로 쌌다. 그리고 아무도 사용한 적이 없는, 바위를 깎아 만든 무덤에 안치했다.

여기가 골고다(갈보리) 언덕일까?

어떤 사람들은 사진의 바위 언덕을 골고다로 믿고 있다. 골고다는 히브리어로 '해골'이라는 뜻으로, 바위가 사람의 해골 모습을 닮은 데서 비롯됐다. 이 언덕은 영국의 해군 장군인 찰스 고든의 이름을 따서 '고든의 갈보리'로 알려지게 되었는데, 그는 여기가 예수님이 십자가에 못박히고 묻히신 곳이라고 확신하였다.

예수님의 시신이
무덤에 안치되다

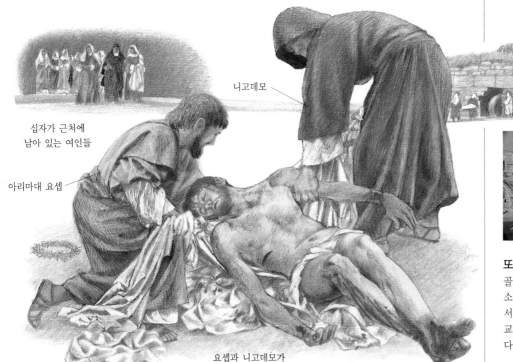

십자가 근처에
남아 있는 여인들

아리마대 요셉

니고데모

요셉과 니고데모가
예수님의 시신을 묻으려고 준비하다

또 다른 장소

골고다로 추정되는 또 다른 장소는 현재 '성묘(聖墓) 교회'가 서 있는 낮은 언덕이다. 성묘 교회는 예루살렘 옛 도시에 있다.

부활

막달라 마리아가
베드로와 요한에게
예수님의 시신이
없어졌다고 알리다

무덤 안으로 들어가기를
주저하는 요한

베드로가 곧장
무덤 안으로 들어가다

무덤

성경에 따르면, 예수님의 시신
은 바위를 깎아서 만든 무덤에
안치되었고, 그 입구는 크고
둥근 돌로 막혀 있었다. 예수
님 당시에는 이런 무덤이 흔했
다. 예수님의 시신은 바위 무
덤의 안쪽 벽을 깎아 만든 선
반 하나에 길게 뉘어졌을 것이
다. 둥근 돌은 홈을 따라 굴려
서 이동시켰을 것이고, 입구
위쪽에는 작은 돌을 괴어 두었
을 것이다.

아직 어둠이 걷히지 않은 이른 아침에 막달라 마리아가 예수님의 무덤을 찾아왔
다. 그녀는 입구를 막고 있던 돌이 치워진 것을 보고 깜짝 놀랐다. 예수님의 시신은
온데간데없었다. 막달라 마리아는 베드로와 예수님이 특별히 사랑하셨던 제자 요한
에게 달려갔다. "사람들이 주님의 시신을 가져가 버렸어요."

두 사람은 급히 무덤으로 갔다. 앞서 달렸던 요한이 무덤에 먼저 도착했지만 들
어가기를 머뭇거렸다. 뒤이어 도착한 베드로는 곧장 무덤 안으로 들어갔다. 예수님
의 시신을 감쌌던 아마포 끈과 머리를 감쌌던 수의가 땅에 떨어져 있었다. 요한도
베드로를 따라 무덤 안으로 들어갔다. 그들은 예수님의 시신이 도난당한 것인지, 아
니면 예수님이 정말 죽은 자 가운데서 다시 살아나신 것인지 어리둥절했다.

베드로와 요한은 다시 집으로 돌아갔다. 그러나 막달라 마리아는 울면서 무덤 곁
에 머물러 있었다. 그녀는 문득 예수님의 시신이 놓였던 곳에 두 명의 천사가 앉아
있는 것을 보았다. "왜 울고 있느냐?" 그들이 마리아에게 물었다.

"사람들이 주님의 시신을 가져가 버렸습니다."

그렇게 말하면서 돌아다보니 사람의 그림자가 자기 뒤에 서 있었다. 예수님이었
다. 그러나 마리아는 처음에는 예수님을 알아보지 못했다. "왜 울고 있느냐?" 예수

님이 물으셨다. 마리아는 그가 동산지기인 줄 알고, 시신을 어디에 치웠는지 아느냐
고 물었다.

"마리아야, 나다!"

"오, 주님!" 예수님을 알아본 마리아의 얼굴은 기쁨으로 빛났다.

예수님이 말씀하셨다. "지금 내 친구들에게 가서 나를 본 것을 알리고, 내가 머지
않아 하늘에 계신 아버지께 갈 것이라고 말해 주어라."

마리아는 제자들에게 이 소식을 전하려고 달려갔다. "내 눈으로 주님을 뵈었어
요!"

우는 여인들
예수님 당시에 사람들은 울거
나, 옷을 찢거나, 머리에 재를
뿌리는 것으로 자기의 슬픔을
표현했다.

무덤 안에 앉아 있는 두 천사

마리아가 자기 뒤에 서 계신
예수님을 보다

엠마오로 가는 길

엠마오
엠마오 마을의 정확한 위치는 아무도 모른다. 어떤 사람들은 예루살렘에서 서쪽으로 약 30km 떨어진 곳에 있는 암워즈(사진)를 그 곳이라고 생각한다. '엠마오'는 '따뜻한 우물'이라는 뜻이다.

전에 예수님을 따랐던 두 사람이 엠마오 마을을 향해 가고 있었다. 그들은 지난 며칠 동안 일어난 엄청난 일들에 대해 이야기를 주고 받았다. 두 사람이 길을 가는 동안 예수님도 동행하셨으나 그들은 예수님을 알아보지 못했다. "왜 그렇게 슬픈 표정을 짓고 있소?" 예수님이 물으셨다.

그들 중 한 사람인 글로바가 진지하게 되물었다. "도대체 어디서 오는 길이길래 그 소식을 듣지 못했단 말이오?"

"소식이라니오?" 예수님이 물으셨다.

"우리가 슬퍼하는 것은 위대한 선지자 나사렛 예수가 십자가에 못박혀 돌아가셨기 때문입니다. 우리는 그분이 우리 민족을 구원해 줄 것이라고 믿었는데, 이제 그분이 돌아가셨으니 구원을 바라는 우리의 모든 희망도 다 사라지고 말았소."

"당신들은 그리스도가 영광을 받기 전에 먼저 고난을 당해야 한다는 사실을 이해 못 하고 있소?" 예수님은 선지자들의 예언을 설명해 주셨다.

마을 근처에 이르렀을 때, 두 사람은 예수님에게 함께 식사하며 하룻밤을 묵어가

예수님

글로바

예수님이 엠마오로 가는 두 사람과 동행하시다

자기들과 동행했던 낯선 사람이
예수님이라는 것을 알아차린 순간
예수님이 시야에서 사라지다

의심 많은 도마
불어로 된 채색 사본의 한 부
분. 도마가 예수님의 상처를
자세히 보고 있다. 도마는 예
수님의 상처를 보고 나서야 믿
었지만, 예수님은 보지 않고서
믿는 자에게 더 큰 복이 있다
고 말씀하셨다. 도마는 믿음이
부족한 탓에 '의심 많은 도마'
라는 별명을 얻게 되었다.

자고 했다. 세 사람이 식사할 때, 예
수님은 빵을 떼어 축복하고 그들
에게 나누어 주셨다. 그 때서야
그들은 그분이 누구인지 알아차
렸다. 그러나 그 순간 예수님은
그들의 시야에서 사라져 버렸
다. 두 사람은 놀라며 서로 물었
다. "그분이 우리와 함께 걸어오면서
선지자들이 예언한 것을 설명해 주실 때 정
말 놀랍지 않던가?" 그들은 지체없이 서둘러 예루살렘으로 돌아가, 주님을 만난 사
실을 제자들에게 말해 주었다.

제자들이 이야기를 나누고 있을 때 예수님이 다시 그 가운데 나타나셨다. 예수님
은 "너희에게 평화가 있기를 빈다" 하며 인사하셨다. 겁이 난 제자들은 자기들이 귀
신을 본 줄 알았다. 예수님이 그들을 안심시키셨다. "왜 놀라느냐? 나는 귀신이 아
니다. 이리 와서 나를 만져 보아라. 나를 자세히 보고, 내 손과 발에 난 상처를 만
져 보아라. 귀신은 살과 뼈가 없지만, 나는 있다." 그리고 나서 제자들에게 음식을
달라고 하니, 제자들이 구운 물고기를 드렸다. 예수님은 그들이 보는 앞에서 그것을
잡수셨다.

제자 가운데 한 사람인 도마는 이 때 자리에 없었고, 나중에야 일어난 일
을 듣게 되었다. 그러나 다른 제자들이 보았다고 하는 분이 정말 예수님
인지 믿을 수가 없었다.

"내가 직접 그분의 몸에 있는 상처를 만져 보지 않고서는 그분이
그리스도라고 믿을 수 없네."

일 주일 후에 도마를 포함한 제자들이 한 자리에 모였다. 그 때 예
수님이 찾아오셨다.

"도마야, 네 손가락으로 내 옆구리를 찔러 보고, 내 손에 있는 못
자국을 만져 보아라. 의심하지 말고 나를 믿어라." 예수님이
말씀하셨다.

도마는 "나의 주, 나의 하나님!" 하고 고백했다.

예수님이 말씀하셨다. "너는 눈으로 보고서 믿는구
나. 그러나 보지 않고서도 믿는 사람은 더욱 복이 있
다."

예수님이 도마에게
옆구리의 상처와
손에 난 못자국을
만져 보게 하시다

승 천

예수님의 말씀에 따라 그물을 던진
제자들이 많은 고기를 잡다

베드로가 예수님을 뵈려고
바닷가를 향해 헤엄치다

기독교의 상징
물고기는 초대 기독교의 상징
이었다. 물고기에 해당하는 그
리스어 '익수스'는 '예수 그리
스도, 하나님의 아들, 구세주'
라는 단어들의 머리글자로 이
루어졌기 때문이다.

　　어느 날 저녁, 베드로와 도마와 야고보와 요한을 포함하여 몇 명의 제자들이 갈
릴리 바다에 고기를 잡으러 나갔다. 그들은 밤새도록 그물을 던져 보았지만, 한 마
리도 잡지 못했다. 날이 밝아 올 무렵, 예수님은 제자들이 눈치채지 못하게 바닷가
근처에서 이들을 지켜보고 계셨다.

　　"고기 좀 잡았소?" 예수님이 물으셨다.

　　"한 마리도 못 잡았소." 그들이 지친 목소리로 대답했다.

　　"배 오른쪽으로 그물을 던져 보시오." 예수님이 말씀하셨다.

　　제자들이 그 말대로 하자 그물에 고기가 가득 잡혔다. 어찌나 무거웠던지 가까스
로 끌어올릴 정도였다.

　　"주님이시다!" 요한이 베드로에게 말했다. 베드로는 당장 겉옷을 벗고 물에 뛰어

예수님이 자기를 따르는 사람들을 돌보라고
베드로에게 세 번 말씀하시다

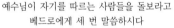

승천
예수님의 승천을 보여 주는 돌
조각품. 예수님은 죽은 자 가
운데서 다시 살아난 지 40일
후에 하늘로 올라가셨다.

들었다. 베드로가 바닷가를 향해 헤엄치는 동안 다른 제자들도 고기가 든 그물을 배에 매달고 따라왔다.

그들이 육지에 도착해 보니 숯불에 올린 고기가 익어 가고 있었다. 예수님이 "이리 와서 먹거라" 하고 말씀 하셨다. 이것은 예수님께서 죽은 자 가운데서 다시 살 아나신 후 세 번째로 제자들에게 나타나신 것이다.

제자들이 음식을 다 먹고 났을 때, 예수님이 베드로 에게 물으셨다.

"네가 이 사람들보다 나를 더 사랑하느냐?"

"예, 주님." 베드로가 대답했다.

"내 양들을 돌보아라."

다시 예수님이 물으셨다. "네가 나를 사랑하느냐?"

베드로가 대답했다. "예, 주님. 제가 주님을 사랑하 는 줄을 주님께서 아십니다."

"내 양을 치거라."

세 번째로 예수님이 물으셨다. "베드로야, 네가 정 말 나를 사랑하느냐?"

예수님이 세 번이나 거듭 물으시자 베드로는 근 심이 되었다. "주님, 주님은 모든 것을 다 아십니 다. 제가 주님을 사랑하는 줄도 주님께서 아십니 다."

"내 양을 먹이거라."

그 후, 예수님은 모든 제자들을 불러서, 자신 이 세상을 떠나면 모든 제자들이 성령의 능력을 받아 온 세상에 하나님의 말씀을 전파하게 될 것이라고 말씀하셨다.

이 말씀을 마친 후에 예수님은 제자들이 보 는 앞에서 하늘로 올라가셨고, 마침내 구 름에 가려 보이지 않게 되었다. 제자 들이 하늘을 응시하며 서 있을 때, 하얀 옷을 입은 두 사람 이 그들 옆에 나타나서 말했 다. "하늘로 올라가신 예수님 은 너희가 본 그대로 다시 돌 아오실 것이다."

두 사람이 하얀 옷을 입고
제자들 옆에 나타나다

예수님이 제자들이
보는 앞에서 하늘로
올라가 구름에 가려
보이지 않게 되다

초대 교회

사도행전은 열두 명의 사도들이 예수님의 가르침을 전하던 초창기 교회의 이야기를 담고 있다. 예수님은 열두 명을 선택하여 사도로 삼으셨다. 그들은 예수님의 절친한 동역자였다. 예수님은 그들에게 자신의 이름으로 가르치고 병을 고치는 권능을 주셨다.

'사도'는 보냄을 받은 자, 즉 '사신'이라는 뜻이다. 바울은 비록 예수님이 절친한 동역자로 뽑은 처음의 열두 제자에는 속하지 않지만, 성경은 그를 사도로 기록하고 있다. 사도는 교회 안에서 특별한 권위를 지니고 있었다

예수님의 열두 제자들은 예수님의 말씀을 많은 사람들에게 전하는 사도가 되었다.

예수님 · 요한 · 바돌로매 · 베드로 · 안드레 · 요한의 동생 야고보 · 도마 · 빌립 · 시몬 · 마태 · '작은 야고보' · 다대오 · 유다

사도: 예수님의 열두 제자

안드레 – 예수님이 가장 먼저 부르신 제자들 가운데 한 사람으로, 갈릴리 벳새다 출신의 어부였다. 'X' 자 모양의 십자가에서 순교했다고 알려져 있다.

베드로 – 안드레의 형으로, 역시 어부였다. 예수님은 베드로의 확고한 믿음 때문에 그를 '반석'이라고 부르셨다.

야고보 – 역시 어부였다. 예수님은 야고보와 그의 형 요한을 '천둥의 아들'이라고 부르셨다.

요한 – 야고보의 형. 성경에서 말하는 "그의 사랑하시는 자"는 아마 요한이었을 것이다.

빌립 – 벳새다 출신. 예수님이 떡과 물고기로 5천 명을 먹이셨을 때 예수님과 대화를 나눈 적이 있다.

바돌로매 – 때로는 '나다나엘'이라고 불렸다. 이 제자에 대해서는 알려진 바가 별로 없다.

마태 – 갈릴리 바닷가에 있는 가버나움에서 세리로 일했다. 세리는 로마인들을 위해 일한다고 멸시를 받았다.

도마 – 요한복음에 따르면 도마는 쌍둥이었다. 그는 처음에 예수님의 부활을 믿지 않았기 때문에 '의심 많은 도마'로 알려졌다.

야고보 – '작은 야고보'라고 불렸던 제자. 요한의 동생 야고보보다 키가 작거나 나이가 어렸기 때문에 이런 별명을 얻었을 것이다.

시몬 – 가나안 사람으로, 그의 별명은 '열혈당원'이었다. 시몬은 유대 율법을 철저히 지키는 사람이었거나, 언제 어디서나 로마인들과 싸웠던 갈릴리 사람들의 단체에 소속된 사람이었을 것이다.

다대오 – 다대오는 누가복음에 나오는 야고보의 아들 유다(가룟 유다가 아님)와 같은 사람일 것이다.

유다 – 그의 이름 '가룟 유다'의 '가룟'은 유대의 케리오트 출신 사람을 가리키는 히브리어이다. 가룟 유다는 제자들의 돈을 관리했다. 그는 나중에 예수님을 배반한 후 자살했고, 그를 대신해서 맛디아가 사도에 합류하였다.

범례

● 기원후 100년
○ 기원후 300년

영국

독일

갈리아

스페인

아드리아 바다

흑해

소아시아

로마

필립피(빌립보)

이탈리아

헤페수스
(에베소)

안티오크
(안디옥)

북아프리카

카르타고

시라쿠사

그리스

키프로스
(구브로)

시칠리아

티루스(두로)

예루살렘

지중해

알렉산드리아

기원후 1세기에서 3세기까지
기독교 교회가 퍼져 나간 것을 나타낸 지도

오순절

기독교는 흔히 예수님이 돌아가신 지 50일 후에 맞이한 유대인의 명절 오순절날 예루살렘에서 시작되었다고 본다. 예수님을 따르던 사람들은 처음에는 두려웠지만, 자신들의 믿음에 대해 점점 확신이 생기면서 담대하게 예수님을 전하게 되었다. 그들은 성령께서 새로운 용기를 불어넣어 주셨다고 말했다. 사도 베드로는 당시에 주요 지도자들 가운데 한 사람이었다.

기독교인들은 예수님을 하나님의 아들이라고 전했기 때문에 이 사실을 믿지 않던 유대 지도자들과 충돌하였다. 첫 번째 순교자— '순교자' 란 자신의 신앙 때문에 죽임을 당한 사람들을 일컫는 이름이다—는 스데반이었다. 스데반을 돌로 쳐 죽인 사람들 가운데에는 바울도 있었다. 바울은 나중에 위대한 기독교 지도자가 되었다.

초대 기독교인

처음에 기독교인은 유대인들로만 이루어졌다. 나중에야 사도들이 이방인(유대인이 아닌 사람들)들에게 예수님을 전하기 시작했다. 그들이 전한 복음은 급속하게 퍼져 나갔다. 그러나 로마 당국은 그들을 자주 박해했다. 기원후 54년에서 68년까지 로마를 다스린 네로 황제는 64년에 일어난 로마의 화재가 기독교인들 때문이라고 모함하여 많은 기독교인들을 죽이기도 했다.

초대 기독교인들은 서로의 재산을 나누어 가졌으며, 예

사자와의 싸움
로마 원형경기장에서 나온 기원후 2세기의 벽화. 로마 사람들은 검투사를 훈련시켜 들짐승들과 싸우게 했는데, 재미 삼아 기독교인들을 사자 무리에 던져 넣기도 했다.

수님을 예배하기 위해 모였다. 지금과 마찬가지로 당시에도 성찬식이 예배의 중심이었다. 성찬식에서는 예수님의 죽으심과 그가 주신 새 생명을 기념하는 뜻에서 약간의 빵과 포도주를 먹는다.

십자가는 기독교인들에게 중요한 표지가 되었다. 이와 함께 그들은 물고기를 비밀 기호로 사용했다. 물고기에 해당하는 그리스어 '익수스' 가 '예수 그리스도, 하나님의 아들, 구세주' 를 상징했기 때문에, 자신이 기독교인임을 밝힐 때 막대기나 손가락을 사용하여 땅이나 손바닥에 물고기 그림을 그렸던 것이다.

십자가

물고기

불의 혀

홀연히 하늘로부터
급하고 강한 바람 같은
소리가 있어 저희 앉은
온 집에 가득하며, 불의 혀같이
갈라지는 것이 저희에게 보여
각 사람 위에 임하여 있더니
(행 2:2-3)

성령이 임하시다

불의 혀

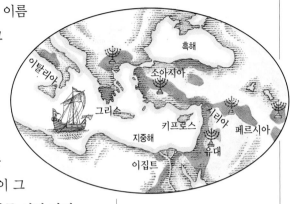

제자들은 하나님의 말씀을 전하는 일을 계속하면서 사도라는 이름으로 알려지게 되었다. 제자들은 배반자 유다가 빠진 자리에 그를 대신하여 열두 제자에 합류할 사람을 뽑기 위하여 요셉과 맛디아 두 사람을 후보로 내세웠다. 하나님의 인도를 바라는 기도를 드린 후에 제비를 뽑은 결과 맛디아가 선출되었다.

그 후 유대인의 추수감사절인 오순절에 사도들이 한 방에 모여 있을 때였다. 갑자기 강한 바람이 집 안에 세차게 몰아치는 소리가 들리고, 불의 혀같이 갈라지는 것이 보였다. 그것은 성령이 그들에게 임하셨다는 표시였다. 또한 제자들은 자신들이 제각기 다른 여러 가지 언어로 말하고 있다는 것을 알게 되었다.

제자들이 예루살렘 거리로 나가자 그들이 놀라운 은사를 받았다는 소문이 널리 퍼지게 되었다. 때마침 오순절을 지키기 위해 다른 여러 나라에서 온 유대인들이 예루살렘에 머무르고 있었다. 그들은 사도들이 세계 여러 나라의 언어로 말을 하고, 또 그 말을 알아듣는 것에 놀랐다.

이윽고 베드로가 사람들에게 말씀을 전하기 시작했다. 베드로는 나사렛 예수에 대해서, 또 그가 하나님의 이름으로 행한 기적과, 십자가에서 죽었다가 죽은 자 가운데서 다시 살아난 일에 관해 말해 주었다. 그리고 그분이 지금은 하늘에서 아버지의 오른편에 앉아 계시다고 말했다.

"그렇다면 우리는 어떻게 해야 합니까? 어떻게 해야 우리가 구원을 받을 수 있을까요?" 모든 사람들이 걱정에 싸여 물었다.

베드로가 말했다. "죄에서 떠나십시오. 회개하고 예수 그리스도의 이름으로 세례를 받으십시오. 그러면 성령을 선물로 받게 될 것입니다. 이것은 하나님께서 여러분과 여러분의 자녀들에게 하신 약속입니다."

베드로의 말을 받아들인 사람들은 세례를 받았다. 그 날 약 3천 명이 예수님을 따르게 되었다.

디아스포라

많은 유대인들이 그들의 역사 가운데 상당 기간을 고국을 떠나 먼 나라에서 살았다. 이들을 '흩어진 사람들'이라는 뜻의 그리스어 '디아스포라' (Diaspora)라고 부른다. 많은 유대인들은 기원후 1세기까지 이탈리아나 이집트 등지에 정착하여 살았으나 여전히 예루살렘을 유대 신앙의 중심지로 여겼다. 성경은 유대인들이 오순절을 기념하기 위하여 여러 나라에서 거룩한 성 예루살렘을 찾아왔다고 기록하고 있다.

베드로가 사람들에게 말씀을 전하다

병자를 고치는 베드로

베드로

요한

베드로가 거지에게 일어나
걸으라고 말하다

어느 날 오후, 베드로와 요한은 기도하러 성전에 갔다. 날 때부터 앉은뱅이인 사람이 '아름다운 문'이라고 불리는 성전 입구에서 지나가는 사람들에게 구걸하고 있었다. 두 사도가 다가가자 그 앉은뱅이 거지가 구걸해 왔다. 베드로가 "나를 보시오" 하며 손을 내밀었다. "내게는 은과 금이 없지만, 내게 있는 것을 당신에게 주겠소. 나사렛 예수의 이름으로 일어나 걸으시오!" 그러자 그 사람이 벌떡 일어서더니 누구의 도움도 받지 않고 베드로와 요한과 함께 성전 뜰 안으로 들어갔다. 그는 자기 병이 나은 것이 너무도 기뻐서 큰 소리로 하나님을 찬양하는 노래를 불렀다.

앉은뱅이였던 거지가 걸어다니는 것을 보고 놀란 사람들이 순식간에 세 사람 주위로 몰려들었다.

베드로가 사람들에게 말했다. "왜 놀랍니까? 이 사람을 고친 것은 우리가 아니라 예수님을 믿는 믿음입니다." 베드로는 예수님을 전하기 시작했다.

제사장들과 사두개인들과 성전 경비 대장은 예수님의 제자들이 사람들에게 전도하는 것에 화가 났다. 그들은 베드로와 요한을 체포하여 감옥에 가두었다.

통곡의 벽
통곡의 벽의 일부. 통곡의 벽은 헤롯 성전 가운데 유일하게 남아 있는 부분이다. 유대인들은 이 곳에 와서 기도하거나, 기원후 70년에 있었던 예루살렘의 멸망을 한탄한다. 기도문이나 소원을 글로 적어 벽의 커다란 돌틈에 끼워 넣기도 한다.

베드로가 몰려든 사람들에게
전도하기 시작하다

베드로

거지

요한

화가 난 제사장들과
사두개인들

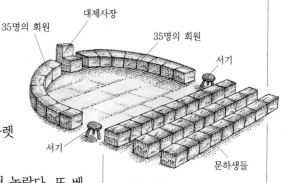

다음 날 베드로와 요한은 유대 공의회인 산헤드린 앞으로 끌려갔다. 재판관들이 그들에게 물었다. "너희들은 누구의 권한으로 성전에서 전도를 하느냐?"

베드로가 성령으로 충만하여 대답했다. "내가 전하는 것은 나사렛 예수님이오. 바로 그분 때문에 저 거지가 나았소."

공의회는 사도들이 교육을 받지 않은 평범한 사람인 것을 알고서 놀랐다. 또 베드로와 요한이 예수님의 친구였다는 사실에 주목했다. 그들은 베드로와 요한을 자

산헤드린

산헤드린 공의회는 예수님 당시에 유대의 최고 사법부였다. 70명의 회원이 반원 모양으로 나누어 앉고, 중앙에는 공의회의 최고 지도자인 대제사장이 앉는다. 두 명의 서기가 의자에 앉아서 회의 내용을 기록한다. 산헤드린에서는 사두개인들의 세력이 지배적이었는데, 그들은 제사장들과 부자들로 이루어진 막강한 집단이었다. 그 밖에도 산헤드린에는 유대 율법을 엄격히 지킬 것을 주장하는 바리새인들과, 율법을 기록하는 율법 선생인 서기관들이 있었다. 산헤드린은 유대인을 심판하고, 처벌하고, 감옥에 가두는 권한을 가지고 있었다. 그러나 사형만은 로마의 허락을 받아야 했다.

베드로와 요한이 체포되어
산헤드린 앞에 끌려가다

리에서 내보낸 뒤 어떻게 해야 좋을지 의논했다. 기적이 일어난 사실을 부인할 수 없다는 것을 알면서도 그 소문이 더 이상 퍼져 나가는 것을 원치 않았기 때문이었다. 그들은 베드로와 요한을 다시 불러서 더 이상 예수의 이름으로 전도하지 말라고 경고했다. 이 말에 베드로와 요한이 대답했다. "하나님의 뜻을 따르지 않고 당신들의 말을 따르는 것이 과연 하나님 보시기에 옳은지 당신들 스스로 판단해 보시오. 우리는 우리가 보고 들은 모든 것을 전할 수밖에 없소." 산헤드린은 이들을 어떻게 처벌해야 좋을지 판단이 서지 않았다. 그래서 마지못해 그들을 풀어 주었다.

그들을 불러 경계하여
"도무지 예수의 이름으로
말하지도 말고 가르치지도 말라"
하니
(행 4:18)

스데반의 죽음

사람들에게 전도하는 스데반

스데반이 은혜와 권능이
충만하여 큰 기사와 표적을
민간에 행하니
(행 6:8)

순교
기독교의 첫 번째 순교자인 스
데반을 그린 그림. '순교자' 라
는 말은 원래 '증인' 을 의미했
으나, 너무도 많은 초대 기독
교인들이 그들의 믿음 때문에
죽은 까닭에 이것은 '자신의
믿음 때문에 죽은 사람' 을 의
미하는 말이 되었다.

하나님과 모세를 비방했다고
유대 장로들이 고발하는데도
잠자코 있는 스데반

제자들이 전도하는 만큼 믿는 사람들의 숫자가 점점 늘어났다. 그들 가운데서도
스데반은 많은 기적을 행하였으며 열정과 확신을 가지고 전도했다. 몇몇 유대 장로
들은 무리들 가운데 스데반을 따르는 사람들이 있는 것을 보고 화가 났다. 그들은
스데반을 산헤드린으로 끌고 와서 그가 하나님과 모세를 비방했다고 거짓 증언을
하였다. 그러나 스데반은 잠자코 그들이 하는 거짓말을 듣고 있었다. 그의 얼굴은
천사처럼 아름다웠다.

장로들은 "이 사람이 나사렛 예수가 예루살렘을 멸망시킬 것이라고 말하는 것을
들었습니다"라고 주장했다.

"그게 사실이냐?" 대제사장이 스데반에게 물었다.

스데반은 그들에게 예수님이 자기 백성을 위한 하나님의 계획을 이루셨다는 사실
을 전하고자 했다. 그러나 그들은 스데반이 말하는 것을 받아들이려 하지 않았다.

스데반이 말했다. "당신들은 진리를 배반하였고, 의로우신 예수님을 죽였소."

공의회 사람들은 이 말에 격분하여 이를 갈았다. 스데반이 하늘을 처다보며 말했다. "하늘에 계신 하나님의 영광과 하나님 오른쪽에 서신 예수님이 보이는구나!"

이 말에 스데반을 고발한 사람들은 노발대발했다. 그들은 귀를 막으며 더 이상 듣지 않겠다고 고함을 질렀다.

사자의 문

'사자의 문'은 '성 스데반의 문'으로도 알려져 있다. 전통적으로 스데반은 사자의 문 근처에서 돌에 맞아 죽었다고 알려졌기 때문이다. 사자의 문은 예루살렘 옛 도시를 감싸고 있는 성벽의 동쪽에 있다.

스데반을 고발한 사람들이 사울이라는 청년에게 겉옷을 맡기다

스데반을 고발한 사람들이 그를 예루살렘 성벽 밖으로 끌고 가다

스데반이 돌에 맞아 죽다

사람들은 스데반을 붙잡아 예루살렘 성벽 밖으로 끌고 갔다. 그들은 겉옷을 벗어서 사울이라는 청년에게 맡겼다. 사울은 스데반이 돌에 맞아 죽는 것을 끝까지 지켜보았다. 스데반은 죽어가면서도 자기를 죽인 사람들을 용서해 달라고 하나님께 기도했다.

스데반의 죽음은 예루살렘 교회에 대한 끔찍한 박해의 시작이었다. 사도들은 예루살렘에 남아 있었지만, 많은 기독교인들이 목숨을 부지하기 위하여 예루살렘에서 도망칠 수밖에 없었다. 그들은 정처없이 낯선 땅을 방황했다.

다마스쿠스로 가는 사울

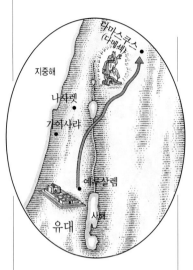

사울의 여행
스데반이 순교한 이후 많은 기독교인들이 예루살렘을 떠나 다마스쿠스에 정착했다. 사울은 모든 기독교인을 체포할 작정으로 예루살렘을 떠났다. 예루살렘에서 다마스쿠스까지의 거리는 약 240km에 이르므로 사울이 걸어서 갔든 당나귀를 타고 갔든 며칠은 족히 걸렸을 것이다.

사울은 초대 교회의 사람들에게 가장 위협적인 인물 가운데 한 사람이었다. 그는 예루살렘을 떠나 다마스쿠스(다메섹)로 가려고 대제사장을 찾아갔다. 대제사장은 그에게 기독교인이라는 혐의가 있는 사람은 누구라도 체포할 수 있는 권한을 주었다.

사울이 다마스쿠스에 가까이 이르렀을 때였다. 갑자기 눈부시게 환한 빛이 그를 에워쌌다. 그는 비틀거리며 땅에 쓰러졌다. 그 때 사울의 귀에 늘리는 소리가 있었다. "사울아, 사울아! 네가 왜 나를 핍박하느냐?"

사울은 놀라서 떨며 말했다. "주여, 누구십니까?"

"나는 네가 핍박하는 예수다. 일어나 성 안으로 들어가라. 그 곳에 가면 네가 해야 할 일을 알게 될 것이다."

사울이 다마스쿠스로 가는 도중에 환한 빛에 눈이 멀어 땅에 쓰러지다

사울은 비틀거리며 가까스로 일어났다. 그러나 앞을 볼 수가 없었다. 그의 일행이 사울을 다마스쿠스까지 데려다 주었다. 사울은 사흘 동안 앞을 보지 못한 채

사울이 행하여 다메섹에 가까이 가더니 홀연히 하늘로서 빛이 저를 둘러 비추는지라. 땅에 엎드려 들으매 소리 있어 가라사대 "사울아, 사울아! 네가 어찌하여 나를 핍박하느냐?" 하시거늘
(행 9:3-4)

사울의 눈을 고쳐 주는 아나니아

식음을 전폐했다.

다마스쿠스에는 예수님을 따르던 아나니아라는 사람이 있었다. 주님이 환상을 통해 그에게 나타나셨다. "'곧은 길'(직가)에 있는 유다의 집으로 가서 다소 출신 사울을 찾아라. 그리고 그에게 손을 얹어 눈을 고쳐 주어라. 그는 내 백성을 위해 큰 일을 하게 하려고 내가 선택한 사람이다."

아나니아는 지시받은 대로 유다의 집을 찾아갔다. 그가 사울에게 말했다. "형제여, 주님께서 나를 보내 당신의 눈을 고쳐 주고, 성령으로 충만하게 하라고 하셨소." 그리고 나서 아나니아는 사울의 눈 위에 손을 얹었다. 그러자 즉시 사울의 시력이 회복되었다. 사울은 기뻐하며 자리에서 일어나 세례를 받았다. 그 후 며칠 동안 사울은 다마스쿠스에 머물며 회당에 가서 설교를 하고 하나님의 말씀을 전했다. 그의 말을 듣는 사람들마다 사울이 변한 것을 보고 놀라워했다. 그들은 "예수님을 따르는 사람들을 그리도 사납게 박해하던 자가 바로 이 사람이란 말인가?" 하며 수군거렸다.

그런데 몇몇 사람들은 사울을 적으로 여기고 그를 죽일 음모를 꾸몄다. 그러나 사울은 제자들의 도움으로 밤중에 바구니를 타고 성 밖으로 빠져 나갔다. 그리고 예루살렘으로 발걸음을 옮겼다.

밤중에 바구니를 타고
다마스쿠스를 빠져 나가는 사울

예루살렘에 있던 제자들은 사울을 두려워하여 처음에는 그를 받아들이지 않았다. 그런데 그들 가운데 바나바가 사울을 믿고 사도들에게 데려다 주고, 다마스쿠스로 가는 도중에 사울에게 생긴 일을 설명했다. 그 때부터 사울은 예수님을 진심으로 따르는 사람으로 대접받게 되었다.

'곧은 길'(직가)
사울의 시력이 회복되었던 다마스쿠스에 있는 '곧은 길'. 이 길은 다마스쿠스를 통과하는 주요 도로 가운데 하나이자 상업의 중심지였다. 길이 곧게 뚫려 있기 때문이 '곧은 길'이라고 부른다.

사울에서 바울로
사울은 회심한 이후 '바울'이라는 로마식 이름으로 알려지게 되었다. 바울은 뛰어난 연설가이자 저자였으며, 복음 전파에 핵심적인 역할을 담당한 사람이었다.

베드로와 고넬료

고넬료는 가난한
사람들에게 관대했다

가이사랴에 고넬료라는 백부장이 살고 있었다. 그는 하나님을 경외하며 가난한 사람들에게 자선을 많이 베푸는 착한 사람이었다. 어느 날 그에게 한 천사가 나타나서 말했다. "욥바에 사람을 보내어 베드로를 데려오너라. 그는 바닷가에 있는 무두장이 시몬의 집에서 묵고 있다."

천사가 사라지자 고넬료는 하인 두 명과 믿을 만한 병사 한 명을 불러 욥바로 보냈다.

다음 날 정오쯤에 고넬료가 보낸 사람들이 욥바에 가까이 이르렀을 때, 베드로는 지붕 위에 올라가 기도하고 있었다. 그는 배가 고픈 상태였는데, 사람들이 음식을 준비하는 동안 환상을 보았다. 머리 위의 하늘이 열리면서 온갖 동물과 새들이 담겨 있는 큰 보자기가 땅으로 내려오는 것이었다. 그와 동시에 "베드로야, 이것을 먹어라" 하는 음성이 들려 왔다.

"안 됩니다, 주님. 저는 부정한 것은 절대로 먹지 않습니다."

다시 음성이 들려 왔다. "하나님께서 깨끗하게 하신 것을 네가 부정하다고 하느냐?" 베드로는 똑같은 환상을 두 번이나 더 보았다. 그 후에 보자기는 다시 하늘로 올라갔다.

무두장이의 연장들

무두장이는 동물의 가죽을 손질하는 사람이다. 이들은 뼈로 된 도구를 사용하여 동물 가죽에서 털과 기름을 긁어 낸다. 그리고 식물에서 추출한 즙과 석회에 가죽을 담가 부드럽게 만든다. 가죽을 만들 때 생기는 고약한 냄새 때문에 이들은 마을과 성 밖에서 살았다.

베드로가 시몬의 집 지붕에서
온갖 종류의 동물과 새를 담아
내려오는 보자기를 보다

베드로를 데려가려고 오는
고넬료의 하인들

베드로가 집에 들어가자
그 앞에 무릎을 꿇는 고넬료

욥바

지금은 얍바라고 불리는 욥바는 지중해에 있으며, 세계에서 가장 오래된 항구 가운데 하나이다. 욥바는 구약과 신약 모두에 걸쳐 등장한다. '아름답다'라는 뜻의 이 매력적인 도시는 약 35m 높이의 바위 언덕에 세워져 있다. 오늘날에는 작은 고깃배들만 이 항구를 이용한다.

베드로가 그 환상의 의미가 무엇인지 생각하고 있을 때, 고넬료가 보낸 세 사람이 시몬의 집에 도착했다. 그들은 베드로와 함께 묵었다.

그 다음 날, 그들을 따라가는 것이 하나님의 뜻이라는 것을 깨달은 베드로는 그들과 함께 가이사랴로 갔다. 고넬료는 가족과 친구들과 함께 베드로를 맞으려고 기다리고 있다가 베드로가 집에 들어오자 그 앞에 무릎을 꿇었다. 베드로가 부드럽게 말했다. "일어나십시오. 당신과 마찬가지로 나도 그저 사람일 뿐입니다."

그리고 나서 베드로는 그 곳에 모인 사람들에게 말했다. "하나님께서는 유대인이나 이방인이나 모든 사람이 하나님 보시기에 똑같으며, 어느 누구도 열등하거나 부정한 사람으로 취급되어서는 안 된다는 사실을 제게 보여 주셨습니다."

며칠 후 베드로가 예루살렘으로 갔을 때, 사도들과 예수님을 따르던 다른 사람들이 그를 비난했다. 그가 다른 신앙을 가진 사람들, 또 아직 세례조차 받지 않은 이방인들과 어울렸다는 것이 그 이유였다. 베드로는 자기가 본 환상을 들려 주면서 이렇게 말했다. "모든 사람은 하나님 보시기에 다 똑같습니다."

마침 베드로가 들어올 때에 고넬료가 맞아 발 앞에 엎드리어 절하니, 베드로가 일으켜 가로되 "일어나라. 나도 사람이라" 하고
(행 10:25-26)

감옥에 갇힌 베드로

천사에 이끌려
감옥을 벗어난 베드로가
혼자인 것을 깨닫다

감옥에서 쇠사슬에 묶인 채
두 명의 군인 틈에서
잠자는 베드로

천사가 나타나
베드로를 깨우다

홀연히 주의 사자가 곁에 서매
옥중에 광채가 조요하며,
또 베드로의 옆구리를 쳐 깨워
가로되 "급히 일어나라" 하니
쇠사슬이 그 손에서 벗어지더라.
(행 12:7)

　헤롯 아그리파(헤롯 아그립바) 왕은 교회를 탄압하는 포악한 인물이었다. 그는 여러 명의 기독교인들을 처형했고, 유월절 기간 동안에는 베드로를 체포하여 감옥에 가두었다. 베드로는 네 명씩 짜여진 군인들 네 패에게 밤낮없이 심한 감시를 받았다.

　재판을 받기 전날 밤이었다. 베드로는 두 가닥 쇠사슬에 묶인 채 두 명의 군인 틈에서 잠들어 있었고, 나머지 군인 두 명은 문 밖에서 보초를 서고 있었다. 갑자기 환한 빛이 비치더니 천사가 나타났다. 천사는 베드로의 옆구리를 찌르며 말했다. "어서 일어나라. 겉옷과 신발을 챙기고 나를 따라오너라." 천사가 그 말을 하자 베드로를 묶고 있던 쇠사슬이 스르르 풀렸다. 베드로는 꿈을 꾸듯 천사를 따라 감옥을 빠져 나왔다. 그들이 소리 죽여 경비병들을 지나쳐 나와 감옥 문에 이르자 감옥 문이 저절로 열렸다.

　거리로 나왔을 때 천사는 사라졌고, 베드로는 자기가 혼자인 것을 발견했다. 베드로는 이것이 꿈이 아니라 하나님께서 자기를 헤롯 왕의 사악한 음모에서 구해 주신 것임을 알게 되었다.

베드로는 곧장 마가의 어머니 마리아의 집으로 갔다. 많은 사람들이 그 곳에 모여서 베드로를 위해 기도하고 있었다. 마침 로데라는 어린 여종이 베드로가 문을 두드리는 소리를 들었다. 로데는 베드로의 목소리를 확인하고 너무 기쁜 나머지 문을 열어 주는 것도 잊은 채 도로 달려들어가 베드로가 밖에 와 있다고 사람들에게 알렸다. 그러나 그들은 "그럴 리가! 베드로는 지금 감옥에 있어. 그가 왔을 리가 없어!" 하고 소리쳤다.

로데가 문 밖에 있는 사람이 틀림없는 베드로라고 주장하자 사람들은 혹 베드로의 천사가 아닐까 생각했다. 베드로는 사람들이 문을 열어 줄 때까지 계속해서 문을 두드렸다. 마침내 문을 열어 본 그들은 정말로 베드로가 와 있는 것을 보고 깜짝 놀랐다.

다음 날 아침, 베드로가 사라졌다는 사실이 드러나자 감옥에서는 소동이 일어났다. 헤롯은 화가 나서 제정신이 아니었다. 사람을 조직하여 샅샅이 뒤져 보았지만 베드로를 찾을 수가 없었다. 어찌된 영문인지 아는 사람조차 없었다. 격분한 헤롯은 베드로를 지키던 경비병들을 모조리 사형에 처했다.

로데

베드로의 목소리를 듣고
어린 여종 로데가 집 안으로
달려가 사람들에게 알리다

문을 열어서 베드로가 서 있는 것을 보고
사람들이 놀라다

천사
날개 달린 천사를 표현한 스테인드 글라스. 성경에 따르면 천사는 영적인 존재로서 하나님과 가까우며 죽지 않는다. 천사는 하나님의 사신으로서 기쁜 소식을 전하기도 하고, 사람들을 인도하고 가르치거나 경고하며, 어려움에 빠진 사람들을 지키고, 하나님의 심판을 수행하는 등, 다양한 역할을 했다. 천사들은 하나님을 찬양하며 언제나 그의 말씀에 복종했다.

바울의 전도 여행

바울은 새로 세운 교회의 성도들을 만나기 위해 여행했다

그리스도인이 된 바울은 로마가 제국 영토 전역에 만들어 놓은 도로망을 따라 여러 곳을 여행하면서 예수님의 이야기를 전파했다. 바울은 로마 시민이었기 때문에 자유롭게 여행할 수 있었을 뿐 아니라 어느 정도 국가의 보호도 받을 수 있었다. 그 당시에 가장 빨리 여행하는 방법은 말을 타거나 배를 타는 것이었고, 편지도 이런 방법으로 전달되었다. 새로 그리스도인이 된 사람들과 함께 머물 수 없었던 바울은 편지를 통해 예수님을 따르는 일에 관해 가르쳤다.

1차 전도 여행

바울은 지중해 동부를 다니면서 기독교의 복음을 전했다. 그는 1차 여행에서 키프로스(구브로) 섬을 방문했는데, 이 섬은 그의 동료였던 바나바의 고향이기도 했다. 그들은 살라미스(살라미)를 비롯하여 섬 곳곳에 있는 회당에서 사람들을 가르쳤다. 섬을 떠나 대륙으로 돌아왔을 때 그들을 환영해 주는 곳도 있었지만, 그렇지 않은 곳도 있었다. 예를 들어 이고니온과 루스드라 사람들은 그들의 말을 들으려 하지 않았다.

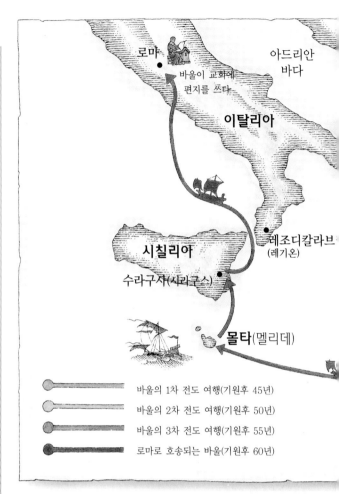

로마
바울이 교회에 편지를 쓰다
아드리안 바다
이탈리아
레조디칼라브르 (레기온)
시칠리아
수라구사(시라쿠스)
몰타(멜리데)

바울의 1차 전도 여행(기원후 45년)
바울의 2차 전도 여행(기원후 50년)
바울의 3차 전도 여행(기원후 55년)
로마로 호송되는 바울(기원후 60년)

세 차례에 걸친 전도 여행과 로마를 향한 마지막 여행의 경로

키프로스 (구브로)

바울은 1차 전도 여행 때 키프로스를 방문했다. 이 곳은 해안선이 주로 바위로 되어 있는 아름다운 섬으로서 지중해에 위치하고 있다. 유대인 공동체가 이 섬에 정착한 것은 기원전 4세기 이후로서, 바울이 방문하기 전에도 기독교인들이 살고 있었다. 바울이 전도 여행을 떠난 목적은 이미 예수님을 따르고 있는 기독교인들을 격려하고 도와 주기 위해서였을 뿐 아니라, 더 많은 이들이 예수님을 믿게 하기 위해서였다.

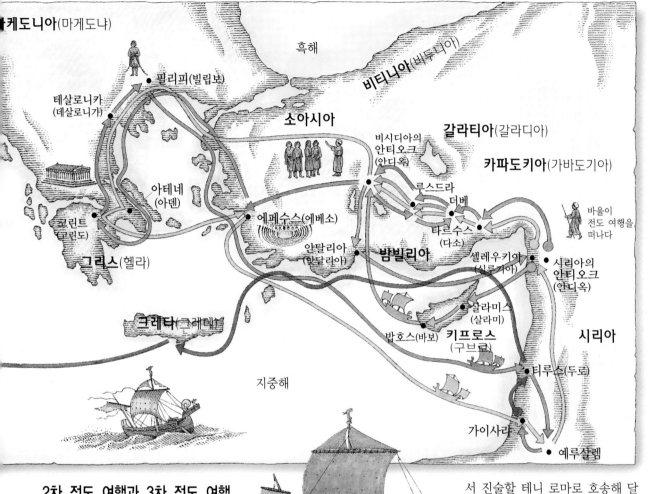

마케도니아(마게도냐)

흑해

필리피(빌립보)

테살로니카
(데살로니가)

비티니아(비두니아)

소아시아

갈라티아(갈라디아)

카파도키아(가바도기아)

비시디아의
안티오크
(안디옥)

루스드라

더베

바울이
전도 여행을
떠나다

아테네
(아덴)

타르수스
(다소)

코린트
(고린도)

에페수스(에베소)

셀레우키아
(실루기아)

안탈리아
(앗달리아)

밤빌리아

시리아의
안티오크
(안디옥)

그리스(헬라)

살라미스
(살라미)

시리아

크레타(그레데)

밥호스(바보)

키프로스
(구브로)

지중해

티루스(두로)

가이사랴

예루살렘

곡물 운반선

2차 전도 여행과 3차 전도 여행

2차 전도 여행에는 실라가 동행했으며, 좀더 먼 곳까지 진출했다. 바울은 그리스의 필리피(빌립보), 에페수스(에베소), 아테네(아덴), 코린트(고린도) 같은 큰 도시에서 설교했다.

3차 여행을 갔을 때, 바울은 에페수스에 잠시 머물렀다. 동쪽이나 서쪽에서 오는 여행객들은 이 큰 도시에 속한 바다와 육지를 이용해야 했다. 바울이 아르테미스('아데미', 로마식 이름은 '다이아나') 여신 숭배에 반대되는 가르침을 전하자, 큰 군중이 극장에 모여 시위를 벌였다.

마지막 여행

바울은 예루살렘에 있는 성도들을 돌보기 위해 돌아왔다가 체포되었다. 그는 자신의 사건을 로마 황제 앞에서 진술할 테니 로마로 호송해 달라고 청원했고, 이것이 그의 마지막 긴 여행이 되었다. 그는 군사들의 감시 아래 곡물 운반선을 타고 로마로 향했는데, 이 배는 몰타(멜리데) 해안에서 파선하고 말았다. 마침내 로마에 도착한 바울은 집에 연금되었다. 이 기간에 그는 자신이 세우고 도왔던 교회들을 격려하는 편지를 여러 통 썼다.

바울이 언제 어떻게 죽었는지에 대해서는 알려진 바가 없다. 그러나 아마도 주후 64년에 네로 황제의 명에 따라 참수되었을 것으로 추정된다. 회심에서 죽음에 이르는 30년 간, 바울은 로마 제국 안에 있는 20개 도시에 여러 교회를 세웠다.

네로는 기원후 54년부터
68년까지 로마를 다스렸다.

바울의 모험

지금은 바울이라는 로마식 이름으로 알려져 있는 사울은 동료 사도 바나바와 함께 안티오크(안디옥, 현재 이름은 안타키아) 교회에서 가르치고 있었다. 이 두 사람은 하나님의 말씀을 전파하기 위해 더 멀리 떨어진 곳으로 여행하라는 성령의 명령을 받았다. 이 사명을 수행하기 위해 그들은 셀레우키아(실루기아)와 키프로스(구브로)와 밤빌리아로 갔다.

바울과 바나바가 루스드라에 있을 때였다. 태어날 때부터 걷지 못하는 어떤 사람이 군중들 가운데 섞여 있었다. 바울은 그 사람에게 믿음이 있는 것을 알고서 "일어나 걸어라" 하고 말했다. 그 즉시 그 사람이 자기 발로 일어나 걸었다. 이것을 본 사람들은 놀라며, 신들이 사람의 모습으로 가장하고 자기들 가운데 나타났다고 수군거렸다. 그들은 바나바가 제우스(쓰스) 신이고, 바울은 헤르메스(허메) 신이라며 환호성을 울렸다.

루스드라 성 바로 밖에 있는 제우스 신전에서 일하는 제사장이 이 기적에 대한 소문을 들었다. 그는 바울과 바나바에게 제물로 바치기 위해 서둘러 황소 몇 마리와

태어날 때부터 앉은뱅이인
사람을 바울이 고쳐 주다

제우스 (쓰스)
제우스의 모습을 새긴 은 브로우치. 제우스는 그리스 신들 가운데서 가장 높은 신으로서 로마인들에게는 '주피터'로 알려져 있다. 제우스는 천둥의 신이자 하늘의 통치자였다. 루스드라 사람들은 바나바를 제우스로, 또 바울을 헤르메스(허메, 로마식 이름은 '머큐리'. 소식을 전하는 신)로 생각했다.

제우스 신전의 제사장

제우스 신전의 제사장이
화환으로 치장한 소들을
바울과 바나바에게
바치려고 가져오다

바울

바나바

루디아　바울　실라　　　예언하는 여종　　　바울　실라

강가에서 바울과 실라를 만난 루디아가
그들을 자기 집으로 초청하다

악한 귀신에 사로잡힌 여종이
바울과 실라를 쫓아가다

화환을 들고 갔다. 사태가 어떻게 돌아가는지 알아차린 바울과 바나바는 충격을 받
았다. 그들은 자기 옷을 찢으며 사람들 속으로 밀치고 들어가 흥분한 사람들을 진
정시키며 말했다. "우리도 여러분처럼 평범한 사람입니다. 제발 그런 어리석은 짓을
그만두고 하나님을 경배하십시오!"

　이 일이 있은 지 얼마 후, 바울은 자기 일행과 함께 마케도니아(마게도냐)에 있는
필리피(빌립보)로 갔다. 안식일에 그들은 강가로 내려가서 거기에 모여 있는 여자들
에게 전도했다. 그 가운데 루디아라는 여자가 있었는데, 그녀는 자줏빛 옷감을 파는
장수였다. 그녀는 세례를 받게 해 달라고 청하면서, 바울과 실라와 다른 제자들에게
자기 집에서 묵어 가라고 했다.

　바울과 실라는 정기적으로 그 강가에 나가서 기도했다. 어느 날, 그들은 앞일을
예언하는 능력이 있는 어린 여종을 만나게 되었는데, 그 주인들은 이것으로 돈벌이
를 하고 있었다. 그녀는 바울과 실라를 쫓아다니면서 크게 소리를 질렀다. 바울은
그녀가 악한 귀신에게 사로잡힌 것을 알고 예수님의 이름으로 명령하여 그 귀신을
쫓아냈다. 그 여종은 금세 조용해졌다. 그런데 귀신이 떠나면서 그녀는 더 이상 앞
일을 예언할 수 없게 되었다. 여종을 이용하여 돈을 벌 수 없게 된 주인들은 화가
났다.

　그들은 바울과 실라를 쫓아 시장으로 가서 그들을 붙잡아 치안관들 앞으로 끌고

저와 그 집이 다 세례를 받고
우리에게 청하여 가로되
"만일 나를 주 믿는 자로 알거든
내 집에 들어와 유하라" 하고
강권하여 있게 하니라.
(행 16:15)

감옥 문이 활짝 열렸으나,
바울과 실라가 떠나지 않고 간수를 안심시키다

아르테미스 (아데미)
그리스의 여신 아르테미스의 상. 터키의 에페수스(에베소)에 신전이 있으며, 로마인들에게는 다이아나로 알려져 있다. 아르테미스는 풍요와 사냥, 그리고 달의 여신이었다. 에페수스 사람들은 아르테미스 여신을 기념하여 웅장한 신전을 지었다. 해마다 수천 명의 사람들이 모여들어 그 곳에서 제사를 시냈으며, 많은 방문객들은 은으로 된 모형 신전을 아르테미스에게 갖다 바쳤다. 은 세공인들은 이것을 만들어 생계를 유지했다.

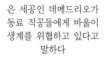

은 세공인 데메드리오가 동료 직공들에게 바울이 생계를 위협하고 있다고 말하다

갔다. 그들은 바울과 실라가 불법적으로 질서를 어지럽혔다고 고발했다.

치안관은 바울과 실라의 옷을 벗겨 매를 때리고 발에 족쇄를 단단히 채워서 감옥에 가두라고 명령했다.

한밤중에 바울과 실라가 하나님께 기도드리며 찬양할 때였다. 큰 지진이 일어나더니 감옥이 통째로 흔들렸다. 모든 문들이 활짝 열리고, 죄수들의 쇠사슬이 풀렸다. 깜짝 놀라 잠에서 깬 간수는 문들이 다 열려 있는 것을 보고 죄수들이 탈출했다고 생각했다. 일이 이렇게 됐으니 자신이 벌을 받을 게 뻔했다. 그래서 칼을 뽑아 자살하려고 하는 순간, 바울이 소리쳤다. "칼을 치우시오. 우리는 모두 여기 있소!"

간수는 등불을 달라고 해서 그것을 들고 감방 안으로 뛰어들어가 바울과 실라 앞에 무릎을 꿇었다. "제가 구원을 받으려면 어떻게 해야 됩니까?"

바울과 실라가 대답했다. "예수님을 믿으시오."

간수는 그들의 상처를 닦아 주고 붕대를 감아 주었다. 또 입을 옷을 준 다음 자기 집으로 데려가 음식을 대접했다. 그렇게 해서 간수와 그 집의 온 식구들이 세례를 받았다.

다음 날 아침, 치안관은 바울과 실라를 석방하라고 명령했다. 그래서 그들은 다시 루디아의 집으로 돌아올 수 있었다.

얼마 후 바울은 전도하기 위하여 에페수스로 갔다. 그 도시에는 데메드리오라고 하는 은 세공인이 있었는데, 그는 아르테미스 여신을 섬기기 위한 모형 신전을 만들어 밥벌이를 하고 있었다. 바울이 사람들에게 아르테미스 여신을 믿지 못하게 하면 아무도 자기가 만든 모형 신전을 사지 않을 것을 염려한 그는 동료 직공들에게 말했다. "바울 때문에 우리의 생계가 위협을 받을 뿐만 아니라 아르테미스 여신을 향한 사람들의 신앙까지도

파괴될 것이오!"

곧이어 성난 군중들이 야외 극장으로 몰려들었다. 바울은 그들에게 전도하고 싶었지만, 그의 제자들이 안전을 생각하여 극장 안에 들어가지 못하게 막았다. 군중들은 "우리의 여신, 에페수스인들의 아르테미스는 위대하도다!" 하며 격렬하게 외쳐 댔다. 결국은 에페수스의 서기장이 사람들을 진정시켰다. 바울은 곧바로 에페수스를 떠나 마케도니아에 있는 드로아로 갔다.

바울과 그 곳 교인들이 예배를 드리려고 어떤 집의 다락방에 모였다. 바울은 다음 날이면 떠나야 했기 때문에 밤늦도록 말씀을 전했다. 청중 가운데 유두고라는 청년이 있었는데 창문턱에 걸터 앉아서 바울의 말을 듣다가 그만 잠이 들었다. 갑자기 균형을 잃은 그가 3층에서 바닥으로 떨어져 죽고 말았다. 바울이 거리로 달려내려가 유두고를 끌어안았다. 그리고 그의 친구들에게 "걱정하지 마시오. 그가 살아났습니다" 하고 말했다.

그들은 크게 안도하며 유두고를 데리고 집으로 들어왔다. 바울은 새벽까지 계속 말씀을 전했다.

바울이 극장 안으로
들어가는 것을
그의 제자들이 막다

바울이 말씀을 전하고 있을 때
유두고라는 청년이 창문 턱에 앉아 잠이 들다

에페수스 (에베소)
에페수스 항구는 고대에 번창했던 주요 무역중심지였다. 에페수스에 있는 이 인상적인 극장은 폭이 151m이고, 대리석으로 된 좌석에 약 25,000명을 수용하였다. 극장에서 항구로 연결되어 있는 넓은 도로의 양쪽에는 기둥이 있었다.

유두고라 하는 청년이 창에
걸터 앉았다가 깊이 졸더니
(행 20:9)

135

체포된 바울

바울

아가보

아가보가 바울의 허리띠로
자기의 손과 발을 묶다

바울과 그 일행은 가이사랴에 도착하여 교인이었던 빌립의 집에 머물고 있었다. 그 때 아가보라는 예언자가 찾아와서 앞으로 맞게 될 위험을 알려 주었다. 아가보는 바울의 허리띠를 가져다 그것으로 자기 손과 발을 묶었다. "당신이 예루살렘에 가면 유대인들이 당신을 이렇게 묶어서 로마 사람들에게 넘겨 줄 것입니다."

그러나 바울은 두려워하지 않았다. "나는 포로로 잡히는 것은 물론, 예수님의 이름을 위해서라면 죽을 각오까지 되어 있습니다."

이 일이 있은 지 얼마 후에 바울과 그의 일행은 예루살렘을 향해 떠났다. 바울이 성전으로 갔을 때, 그 곳에 모여 있던 유대인들이 바울을 알아보고 소리를 쳤다. "저 사람이 우리와 우리의 율법을 비방하며 다니는 사람이다!" 그들은 바울을 붙잡아 성

가이사랴

지중해 해안가에 위치한 가이사랴는 유대의 주요 항구이자 로마의 행정 중심지였다. 헤롯 대왕이 지은 가이사랴 성은 로마 황제 아우구스투스 카이사르(가이사 아구스도)를 기념하여 붙인 이름이다. 가이사랴의 가장 인상적인 광경은 사진에서 보이듯 벽으로 둘러싸인 거대한 항구이다. 이 벽은 거친 바다로부터 배를 보호하고, 항구에 바다 퇴적물이 쌓이는 것을 방지하기 위해 만들어졌다.

바울이 요새 층계에서
자기가 어떻게 해서
기독교인이 되었는지
군중에게 말하다

전 밖으로 끌어 냈다. 큰 소란이 일어나자 로마군 수비대 사령관(천부장)이 출동했다. 사령관과 백부장은 군중을 뚫고 들어가 폭군들 틈에서 바울을 구출해 냈다. 그리고 바울을 요새로 데려갔다. 바울은 요새 층계에서 몸을 돌려 사람들을 향해 섰다. "여러분, 나도 유대인으로서 과거에는 많은 기독교인들을 박해했습니다. 그러던 어느 날, 다마스쿠스로 가던 도중에 예수님의 음성을 듣게 되었습니다. 그 후에 나는 세례를 받고, 유대인과 이방인 모두에게 말씀을 전하고 있는 것입니다."

이 말을 듣고 군중들은 더 소리를 질러 댔다. "저 녀석을 죽여라! 저 녀석을 죽여라!" 사령관은 바울을 성 안으로 끌고 들어가 채찍질하라고 명령했다. 명령을 받은 군인이 바울을 묶으려고 할 때 바울이 말했다. "로마 시민인 나를 유죄 판결도 나지 않았는데 채찍질하는 법이 어디에 있느냐?" 사령관은 멈칫거렸다. 로마 시민을 이런 식으로 대할 권한이 자기에게 없다는 것을 알고 있었기 때문이었다. 사령관은 바울을 풀어 주라고 지시했다.

일부 유대인들은 이 일이 못마땅했다. 그들은 바울을 죽일 때까지 먹지도 않고 마시지도 않겠다고 맹세했다. 그들은 바울을 공의회에 데려다가 심문할 수 있게 해 달라고 사령관에게 요구했다. 공의회로 데려가는 길목에서 바울을 처치할 계획이었던 것이다. 그런데 바울의 조카가 이 음모를 듣고, 바울에게 가서 그가 위험에 빠져 있다는 것을 알려 주었다. 바울은 "사령관에게 가서 이 사실을 알려라" 하고 말했다.

바울의 조카의 말을 들은 사령관은 이 사실을 아무에게도 누설하지 말라고 다짐시켰다. 그리고 나서 밤을 틈타 중무장한 기병과 보병이 삼엄하게 호위하는 가운데 바울을 가이사랴로 호송하라고 명령했다.

바울을 죄인으로 취급해
채찍질하려고 결박하다

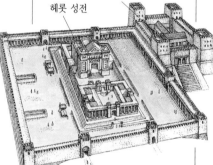

헤롯 성전   안토니아 요새

안토니아 요새
안토니아 요새는 예루살렘의 헤롯 성전 옆에 있으며, 바울을 채찍질하려고 끌고 갔던 곳으로 추측된다. 안토니아 요새는 팔레스타인에 로마군이 주둔하고 있음을 사람들에게 알리는 건물이었다.

중무장한 기병과 보병의 삼엄한 호위를 받으며
밤중에 가이사랴로 호송되는 바울

바울

로마로 호송되는 바울

바울이 탄 배가
몰타(멜리데) 섬 바닷가에서 난파되다

마침내 바울을 로마로 호송하여 로마 황제 카이사르(가이사)에게 재판을 받게 하기로 결정되었다. 바울과 몇 명의 다른 죄수들의 호송을 책임진 백부장 율리오는 배를 타고 아드라뭇데노를 출발했다.

배가 크레타(그레데) 섬 근처에 왔을 때 강한 바람이 불기 시작하더니 금세 폭풍우가 되어 사납게 몰아쳤다. 목숨이 위태롭게 된 선원들은 돛을 내리고 밧줄로 배의 모서리를 단단히 묶었다. 그리고 배에 있던 물건들을 손에 잡히는 대로 바다에 던져 버렸다. 폭풍우는 사흘 밤낮을 거세게 몰아쳤

여러 날 동안 해와 별이
보이지 아니하고 큰 풍랑이
그대로 있으매 구원의 여망이
다 없어졌더라.
(행 27:20)

다. 죽음이 눈앞에 다가온 것 같았다.

그러나 바울은 떨고 있는 그들을 진정시켰다. "하나님께서 제게 말씀하셨습니다. 비록 배는 잃겠지만, 여러분 가운데 목숨을 잃는 사람은 아무도 없을 것입니다." 며칠이 지났다. 망을 보고 있던 사람이 육지가 가까워지고 있다고 알려 왔다. 바울은 다시 한 번 그들에게 아무 해도 없을 테니 무서워하지 말라고 안심시켰다. "이제 음식을 먹고 힘을 내십시오. 정신을 차려야 합니다. 제가 여러분에게 한 말을 잊지 마십시오. 여러분 가운데 어느 누구도 목숨을 잃지 않을 것입니다. 그러니 이제 살아나려면 음식을 먹어야 합니다." 그리고 나서 바울은 빵을 가져다가 나눈 후 하나님께 감사 기도를 드렸다. 모든 사람들이 이것을 보고 용기를 얻어 음식을 먹기 시작했다.

독사에게 물렸으나
아무런 해도 입지 않은 바울

새벽녘에는 배가 바닷가 근처까지 떠내려갔다. 선원들은 돛을 올려서 배를 백사장에 닿게 했다. 배는 거친 물결에 부서지기 전에 모래톱까지 닿을 수 있었다.

처음에 군인들은 죄수들이 혼란한 틈을 타서 도망칠까 봐 그들을 죽이려고 했다. 그러나 율리오는 바울의 안전이 걱정되었다. 그래서 포로들 스스로 수단껏 자기 목숨을 구할 수 있게 그냥 두라고 군인들에게 말했다. 그래서 헤엄칠 수 있는 사람은 바다로 뛰어들었고, 헤엄을 못 치는 사람들은 부서진 널빤지나 배에 실었던 장비 조각을 붙잡고 육지에 다다랐다.

그들이 도착한 섬의 이름은 몰타(멜리데)였다. 몰타 섬의 원주민들은 난파선의 생존자들을 환영했고, 비가

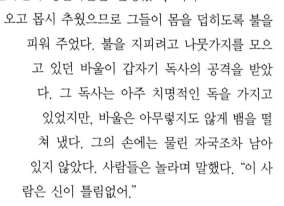

바울이 보블리오의
아버지를 치료하다

오고 몹시 추웠으므로 그들이 몸을 덥히도록 불을 피워 주었다. 불을 지피려고 나뭇가지를 모으고 있던 바울이 갑자기 독사의 공격을 받았다. 그 독사는 아주 치명적인 독을 가지고 있었지만, 바울은 아무렇지도 않게 뱀을 떨쳐 냈다. 그의 손에는 물린 자국조차 남아 있지 않았다. 사람들은 놀라며 말했다. "이 사람은 신이 틀림없어."

몰타 섬의 추장 보블리오는 배에서 내린 모든 사람들을 자기 영토로 불러 묵어 가게 했다. 그의 아버지는 열병에 걸려 상당히 위독한 상태였는데, 바울이 손을 얹자 금방 회복되었다. 이 일을 계기로 그 섬의 많은 사람들이 병을 고치려고 바울을 찾아왔다. 바울은 융숭한 대접과 존경을 받았다.

드디어 그들은 몰타 섬을 떠나 로마를 향해 배를 띄웠다. 로마에 도착하자 바울과 다른 죄수들은 수비대장의 손에 넘겨졌다. 바울은 특별한 대접을 받았고, 세를 주고 빌린 집에서 편안하게 살 수 있었다. 그러나 그는 여전히 연금된 상태였고, 보초병이 밤낮으로 그를 감시했다. 바울의 말을 들으려고 많은 사람들이 찾아왔다. 그는 2년 동안 모든 방문객을 환영하며 그들에게 예수님의 가르침을 설명해 주고, 하나님의 말씀을 전했다.

성 바울 만(灣)

몰타 섬에 있는 성 바울 만. 이 곳은 바울이 탄 배가 난파되어 온 곳으로 믿어진다. 바울이 항해한 때는 겨울이었는데, 지중해에 폭풍우가 자주 일어나는 시기였다. 성경에는 바울이 탄 배가 몰타 섬에 가까이 이르러 모래톱에 걸렸다고 되어 있는데, 이 묘사는 모래사장이 바다 깊이까지 뻗어 있는 성 바울 만의 상황과 일치한다.

바울이 몰타 섬을 떠나
로마를 향해 가다

고린도전서 12, 13, 15; 갈라디아서 5; 에베소서 6; 빌립보서 2; 빌레몬서; 디모데후서 2

바울의 편지

바울이 로마에 연금되어 있는 동안
많은 편지를 쓰다

잉크 병과 펜
바울은 편지를 쓸 때 갈대로 만든 펜을 검은 잉크에 찍어서 썼을 것이다. 검은 잉크는 물과 고무와 기름을 섞어 만들어서 사진과 같이 청동으로 만든 병에 담아 두었을 것이다.

바울은 에페수스(에베소)에 있는 동안 코린트(고린도)에 있는 교인들에게 교회에 대한 편지를 썼다. "교회는 우리 몸에 비유할 수 있습니다. 우리의 눈과 귀가 하는 역할은 서로 다르지만 중요하기는 마찬가지입니다. 우리 몸에 눈, 귀, 손과 같은 여러 부분들이 있듯이 교회 안에도 모든 교회 생활에 중요한 역할을 담당하는 각양각색의 사람들이 있습니다. 유대인이든 이방인이든 우리는 모두 세례를 받아 하나의 교회를 이루었습니다."

"무엇보다도 사랑이 없으면 여러분들은 아무것도 아니라는 사실을 명심하십시오. 여러분이 아무리 힘이 세고, 아무리 포부가 크고, 아무리 많이 배웠다고 할지라도 사랑이 없으면 아무 소용이 없습니다. 사랑은 오래 참고, 용서하며, 친절합니다. 사랑은 담대하고, 진실합니다. 믿음과 소망과 사랑은 영원히 있겠지만, 그 중의 제일은 사랑입니다."

"그리스도께서는 죽은 자 가운데서 살아나셨습니다. 무릇 기독교인이라고 한다면 이것을 믿어야 합니다. 그리스도께서는 우리를 죄에서 구원하기 위해 죽으셨습니다. 그가 죽은 자들 가운데서 다시 살아나셨기 때문에 우리도 새 생명으로 다시 살아나게 되었습니다. 마지막 나팔 소리가 울릴 때 죽은 자들이 일어날 것입니다. 우리의 이 몸은 썩겠지만, 새로운 몸으로 영광스럽게 부활할 것입니다. 그 날이 오면 최후의 적인 죽음이 사라지고, 우리에게는 더 이상 죽음이 없을 것입니다."

바울은 사람들을 설득하여 예수님의 가르침을 따르게 하는 것이 얼마나 중요한지 알고 있었다. "만약 여러분이 예수님을 따르면, 가장 나쁜 육체적 욕망도 극복할 수 있다는 것을 알게 될 것입니다. 예수님께서 가르쳐 주신 대로 행하십시오. 그러면 시기와 분냄, 질투와 이기심과 탐욕에 빠지지 않고 사랑과 용서로 가득 차게 될 것이며, 오래 참고 신실하며 친절해질 것입니다. 이 세상에 있는 어떤 율법도 여러분을 착한 사람으로 만들지는 못합니다. 그러나 예수님의 법에 순종할 때 여러분은 옳은 일을 행하게 될 뿐만 아니라 참된 행복과 평화를 찾게 될 것입니다."

바울은 로마에 연금되어 사는 동안 많은 편지를 썼다. 그 중에 에페수스의 교인들에게 보내는 편지도 있었다. "주 안에서 강건하십시오. 악한 영과 싸우기 위하여 하나님께서 주시는 전신갑주로 무장하십시오. 진리의 허리띠를 두르고, 정의의 가슴막이를 하고, 구원의 투구를 쓰고, 성령의 칼, 곧 하나님의 말씀을 가지십시오. 이러한 것들을 가지면 악한 자가 쏘는 불화살을 막아 낼 수 있습니다."

또 바울은 필리피(빌립보)에 있는 교인들에게 다음과 같은 내용의 편지를 썼다. "허영이나 자만에 빠지지 말고, 오히려 남을 자기보다 낫게 여기십시오. 그리스도께서 평범한 사람으로 여러분들 가운데 오셔서 겸손하게 행동하시고, 모든 일에 아버지께 순종한 것을 기억하십시오. 예수님처럼 아무런 불평 없이 여러분이 해야 할 일을 하십시오. 원한을 품지 말고, 착한 일을 하여 어두운 밤에 빛나는 별처럼 빛을 내십시오."

바울은 또 자기 친구 빌레몬에게 편지를 썼다. "빌레몬, 나는 당신이 오네시모를 관대하게 대해 주기를 빕니다. 오네시모가 당신에게서 도망쳤지만, 이제 다시 당신에게 돌려보냅니다. 사실 나는 그를 내 곁에 두고 싶습니다. 오네시모는 당신의 종이지만 형제처럼 대해 주십시오. 그는 내가 매우 아끼는 사람입니다. 당신이 나를 대하는 것처럼 그 사람을 대해 주십시오. 우리 모두는 그리스도 앞에서 형제이기 때문입니다."

바울이 마지막에 쓴 편지 가운데 자기의 옛 친구 디모데에게 보내는 편지가 있다. "그리스도의 선한 군인답게 굳세어지고, 모든 어려움을 짊어지거라. 예수님께서 보여 준 모범을 기억해야 한다. 유혹에 빠져 옳은 길에서 떠나는 일이 없게 하고, 정의와 정직과 평화와 사랑 안에 거하거라. 너는 이러한 것들을 목표로 삼고 언제나 순전한 마음을 간직하여라."

로마인의 집
이탈리아 로마에 있는 옛날 집. 바울은 2년 동안 셋집에서 로마 군인의 감시를 받으며 대부분의 편지를 썼을 것이다.

도로를 포장하는 큰 돌
배수 도랑
잘게 부순 돌
접착시킨 돌판
모래

로마의 도로
바울의 편지는 심부름꾼에 의해 로마 제국 전역에 흩어져 있던 교인들에게 전달되었다. 심부름꾼은 로마 제국 여러 지역과 로마를 연결시키는 곧고 넓은 도로를 통해 여행했을 것이다. 로마의 도로는 여러 층으로 만들어졌다.

요한계시록

요한이 그윽하고 아름다운
음성이 말하는 것을 듣다

주 하나님이 가라사대
"나는 알파와 오메가라.
이제도 있고, 전에도 있었고,
장차 올 자요,
전능한 자라" 하시더라.
(계 1:8)

하나님의 보좌 둘레에 서 있는
네 마리의 생물

사자 모양을
한 생물

송아지 모양을
한 생물

사람 모양을
한 생물

독수리 모양을
한 생물

밧모 섬에 있을 때, 사도 요한은 그윽하고 아름다운 음성이 자기에게 말하는 것을 들었다. "나는 처음이요 마지막이다. 너는 이제 내가 보여 주는 것을 책으로 기록하여 아시아에 있는 일곱 교회에 보내도록 하여라."

요한은 놀라서 고개를 들고 쳐다보았다. 하늘에 일곱 개의 금촛대가 있고, 그 가운데에 하나님의 아들이 평화롭고 빛나는 모습으로 서 계시는 것이 보였다. 요한은 무서워서 잠시 정신을 잃고 쓰러졌다. 그 때 예수님이 손을 내밀며 말씀하셨다. "무서워하지 말아라. 나는 한 번 죽었으나 지금은 살아 있으며, 또 영원히 그러할 것이다."

요한은 하늘을 향해 열려 있는 문을 보았다. 값진 보석으로 만든 보좌에 하나님이 앉아 계셨고, 그 주변을 에메랄드 무지개가 둥그렇게 둘러싸고 있었다. 보좌 둘레에는 스물네 명의 장로들이 흰옷을 입고, 머리에 금관을 쓰고 있었다. 보좌 옆에는 불타는 횃불들이 있었고, 그 앞에는 수정 같은 유리 바다가 있었다. 네 귀퉁이에는 이상한 생물이 서 있었는데, 날개가 여섯 개씩이고, 앞뒤에 눈이 달려 있었다. 그 중 한 마리는 사자의 모습이었고, 다른 한 마리는 송아지, 또 다른 한 마리는 사람, 마지막 한 마리는 독수리의 모양을 하고 있었다. 이 생물들은 쉬지 않고 "거룩하다, 거룩하다, 거룩하다. 전능하신 주 하나님이시여! 전에도 계셨고, 지금도 계시며, 장래에도 계실 분이시로다!" 하며 찬양을 했다.

하나님은 오른손에 일곱 개의 도장을 찍어 봉인한 두루마리를 가지고 계셨다. 한 천사가 큰 목소리로 물었다. "이 봉인을 떼고 두루마리를 펼 자격이 있는 사람이 누구인가?" 요한은 하늘에도 땅에도 그 봉인을 뗄 자가 아무도 없는 것을 보고 울었다. 그런데 네 마리의 생물과 장로들 한가운데 있는 보좌 아래에 일곱 개의 뿔을 가진 어린 양이 있는 것이 보였다. 그 양은 죽임을 당한 것 같았다. 그 어린 양이 하나님의 손에서 두루마리를 받아 들었다. 그러자 네 마리의 생물과 장로들이 어린 양 앞에 무릎을 꿇었다. 그 양은 하나님의 아들이었다. 그들은 감사와 찬양의 노래를 불렀다. 그들의 노래 소리가 하늘 높이 치솟아 오르면서 수천 수만의 천사들이 하나님을 찬양하는 노래와 한데 어우러졌다.

어린 양은 천둥소리 같은 것을 내면서 봉인을 하나씩 뗐다. 그리고 세상의 미래를 보여 주는 두루마리를 펼쳤다. 사탄과 그의 군대가 세상을 돌아다니면서 약한 자

의 영혼을 유혹하여 죄악에 빠뜨릴 것이다. 그러나 세상의 마지막 날
이 오면 하나님은 하늘에서 불을 내려, 사탄과 그 무리들을 불과 유
황 바다 속으로 던져 넣어 영원히 고통당하게 하실 것이다.

심판날이 되면, 죽은 자들이 보좌 앞에 서고 하나님은 생명책을 읽으
실 것이다. 생명책에 이름이 적힌 사람들은 구원을 받게 되고, 이름이 적
혀 있지 않은 사람들은 사탄과 함께 불타는 바다에 던져져 고통을 당하
게 될 것이다.

요한은 새 하늘과 새 땅을 보았다. 그리고 다음과 같이 선포하는 음성
을 들었다. "나는 시작이요 끝이다. 하나님과 그의 백성이 함께 살 수 있도
록 내가 만물을 다시 새롭게 할 것이다. 더 이상 고통과 슬픔과 죽음이 없을 것
이다. 그러한 모든 것은 사라질 것이다."

그리고 나서 한 천사가 요한을 어느 높은 산 꼭대기로 데리고 갔다. 그 곳에서 거
룩한 성 새 예루살렘을 보여 주었다. 그 성벽은 벽옥 같았고, 거리는 금으로 되어
있었다. 수정처럼 맑은 생명의 강이 새 예루살렘 사이를 흐르고 있었다. 그 곳에는
낮의 해도 필요 없고, 밤의 달도 필요 없다. 왜냐하면 하나님과 그의 아들이 그 곳
을 비추어 주시기 때문이다. 그 곳에 오는 사람들은 모두 영광의 빛 속에 걸어다닐
것이다.

하나님의 손에서 두루마리를
받아 드는 어린 양

천사가 요한을
높은 산 꼭대기로 데려가서
거룩한 성을 보여 주다

벽옥으로 된 새 예루살렘 성벽과
금으로 된 거리들

성경전과(신약)에 나오는 인물들

괄호 안 표기는 개역성경에 따른 표기입니다. (구)는 '성경전과 · 구약'의 약자입니다.

찾아보기

괄호 안 표기는 개역성경에 따른 표기입니다.
(구)는 '성경전과 · 구약' 의 약자입니다.